LÉGISLATION PRIMITIVE.

Ouvrages du même Auteur.

Essai analitique sur les Lois naturelles de l'Ordre social, ou du Pouvoir, du Ministre, et du Sujet dans la Société ; in-8°. 2 fr. 50 c.

Du Divorce, considéré au XIXe. siècle, relativement à l'état domestique et à l'état public de Société ; in-8°. 2 fr. 50 c.

Résumé sur la question du Divorce ; in-8°. 75 c.

LÉGISLATION
PRIMITIVE,

CONSIDÉRÉE DANS LES DERNIERS TEMPS

PAR

LES SEULES LUMIÈRES DE LA RAISON,

SUIVIE DE PLUSIEURS TRAITÉS ET DISCOURS POLITIQUES;

PAR L. G. A. DE BONALD.

« Un peuple qui a perdu ses mœurs en voulant se
» donner des lois écrites, s'est imposé la néces-
» sité de tout écrire, et même les mœurs ».

DISC. PRÉLIM.

TOME PREMIER.

A PARIS,

Chez LE CLERE, Imprimeur-Libraire, quai des Augustins, n°. 39, au coin de la rue Pavée.

AN XI. — 1802.

DISCOURS PRÉLIMINAIRE.

L'OUVRAGE que je donne au public est divisé en quatre parties, dont la première est purement rationnelle ou de théorie; les trois autres sont expérimentales et d'application.

La première partie qui fait exclusivement la matière de ce discours préliminaire, la partie *rationnelle*, est divisée en deux livres, dont le premier traite des êtres, objet de tout Ordre en général, et des manières d'être relatives ou des *personnes*, dont les relations ou *rapports* sont l'objet de l'Ordre social en particulier. Le second traite en détail de l'Ordre social et de la législation, qui en coordonne et en maintient à leur place les diverses personnes. Le discours préliminaire a aussi deux parties qui correspondent une à une aux deux livres de la première partie. L'une considère, non les opinions des philosophes, *car qui pourroit compter les pensées qui s'élèvent dans le cœur de l'homme?* mais les doctrines générales de philosophie qui ont partagé les hommes et enfanté les diverses opinions; l'autre traite de la législation en général, et de ses effets sur la société, et sur la France en particulier, soumise, depuis peu d'années, à la plus grande expérience qui jamais ait été faite en législation.

La partie théorique de cet ouvrage est divisée en chapitres, et les chapitres en propositions ou articles. Rien ne fait mieux sentir la liaison des idées que de détacher les propositions. Le lecteur voit alors où la chaîne des idées est interrompue, et où elle est continue. Un écrivain peut revenir au point où son prédécesseur a commencé à s'égarer, et suivre une meilleure direction: il n'y a rien de perdu pour les progrès de la vérité, parce que l'un la reprend là où l'autre l'a laissée. Le style continu plus agréable pour le lecteur, est aussi plus aisé pour l'écrivain, et surtout plus propre à en imposer à l'attention sur le désordre des idées; mais il est moins favorable à l'exposition de la vérité, et c'est ce qui a fait adopter par les géomètres la division en propositions.

La seconde partie traite de l'état ancien du *ministère public* en France; et par cette expression à la fois religieuse et politique, j'entends, pour la société politique, le corps de la magistrature civile et militaire, vrai *ministère* ou service de l'Etat, au même sens qu'on appelle l'ordre du sacerdoce le *ministère* de la religion. Dans cette partie l'auteur ne peut être qu'historien, et un historien qui, placé entre le passé et l'avenir, sans aucune intention sur le présent, raconte les générations qui ne sont plus pour l'instruction de celles qui ne sont pas encore.

La troisième partie d'application traite de l'éducation publique : objet dont tous les gouvernemens, et celui de la France en particulier, sentent toute l'importance. Ce plan d'éducation dont j'indique les bases, écrit et même imprimé il y a longtemps, ne s'est pas rencontré avec celui que le gouvernement a récemment adopté; et je n'ai pas cru pour cela devoir le supprimer. Il faut montrer le bien aux hommes même lorsqu'ils ne peuvent pas le faire; le mal ne vient pas de ce que les gouvernemens font fausse route, mais de ce qu'ils marchent au hasard et sans se proposer de point fixe d'arrivée qui ne peut être que le bien absolu, et auquel il faut toujours tendre, même quand on devroit n'y jamais parvenir.

La quatrième partie traite de l'état politique de l'Europe chrétienne et mahométane. c'est un essai, dont la moitié à peu près a paru par articles au *Mercure de France* de cette année, jusques à la discussion de la constitution proposée à la Pologne par Mably, après laquelle l'auteur n'a plus rien inséré dans ce journal de relatif à la politique. En donnant cet essai, tel qu'il a été composé, on obéit au vœu d'un grand nombre d'abonnés, qui ont témoigné le désir que l'on réunît en un corps ces différens articles, et que l'on en complétât la suite. On y a joint un morceau sur le traité de Westphalie qui avoit paru beaucoup plutôt. Le but de ces considérations politiques est de faire voir l'influence de la législation politique et religieuse des Etats sur les événemens de leur vie, et surtout d'agrandir l'étude de l'Histoire moderne, en présentant, ainsi que

M. Bossuet l'a fait pour l'Histoire ancienne, la raison générale, ou plutôt divine des événemens de ce monde, que nous épelons, pour ainsi dire, un à un, sans en considérer l'ensemble et la liaison secrète, et que nous nous accoutumons à regarder comme uniquement soumis aux caprices des hommes, et n'ayant d'autre règle que leurs passions.

Peut-être quelques lecteurs trouveront que ces quatre parties n'ont pas entre elles un rapport assez immédiat ; mais, avec plus d'attention, il est aisé de remarquer qu'elles se prêtent toutes un secours mutuel. En effet, il y a un rapport nécessaire entre les lois de la société, le ministère public qui exécute les lois de la société, l'éducation qui dispose l'homme au ministère public, enfin les événemens de la société qui tiennent à la fois de la nature des lois et de l'état des personnes. Après tout, les différentes parties de l'ordre social se rattachent à un centre commun, et elles sont toutes liées entre elles par un but uniforme, comme tous les hommes, sans être parens entre eux ni alliés, sont unis par le lien général de l'humanité.

Je dois, avant d'entrer en matière, me justifier du reproche qui m'a été fait d'énoncer mes idées sur la société d'une manière trop absolue. Il faut s'entendre. Toutes les fois qu'on traite du général, la vérité est absolue : car absolu et général sont synonymes. Elle n'est que relative, lorsqu'on traite du *particulier*. Et pour appliquer cette distinction à la société, la vérité est absolue quand on traite de la constitution, règle générale de la société; et elle est relative dans les détails d'administration, règle particulière des individus. Ainsi le pouvoir considéré en général est bon d'une bonté absolue, et l'homme qui l'exerce, être particulier, n'est bon que d'une bonté relative. De là suivent, et la fixité nécessaire dans la constitution du pouvoir, et les modifications nécessaires dans les lois d'administration. De là, la différence du pouvoir absolu en constitution, au pouvoir nécessairement moins absolu en administration, et par là plus arbitraire. Le pouvoir absolu est constitué sur des lois fixes et fondamentales, « contre lesquelles, dit M. Bossuet, tout ce qu'on fait est nul de soi », et l'homme qui l'exerce doit administrer avec douceur et égard pour la foiblesse humaine (1). Ainsi, dans les sciences mathématiques, on suppose toutes les lignes en général absolument droites, toutes les surfaces en général absolument planes, tous les solides en général absolument compactes, tous les corps en général absolument durs, le mouvement en général absolument libre; mais l'artiste qui met en œuvre les corps *particuliers*, ne trouve rien de tout cela, et il est obligé de tenir compte des déviations des lignes, des aspérités des surfaces, de la mollesse des corps, de la résistance des *milieux*, etc. etc. La comparaison est parfaitement exacte, et je l'emploie d'autant plus volontiers, que je regarde comme d'une haute importance de faire remarquer au lecteur les harmonies du monde intellectuel et du monde matériel, du monde de la *cause* et du monde des *effets*.

La vérité relative doit être dite avec pru-

---

(1) Le pouvoir despotique au contraire ne connoît ni fixité dans la constitution, ni tempérament dans l'administration; et c'est ce qui rend si dure la condition des sujets, soumis à toutes les volontés d'un maître qui n'est soumis lui-même à aucune loi.

dence et circonspection, parce qu'elle est incertaine par cela seul qu'elle n'est pas absolue ; raison pour laquelle il faut être d'une extrême réserve pour prononcer sur les individus et les faits particuliers. Mais pour la vérité en général, ou sur le général, il est toujours temps de la révéler, parce que c'est toujours le temps qui la révèle : *Veritas filia temporis*.

Je m'attends que la manière générale dont j'ai considéré les objets au commencement de cet ouvrage, déplaira à deux sortes d'esprits, même droits et justes. Elle déplaira à ces esprits plus agréables que forts, qui ne peuvent sortir de la sphère du particulier, ne reconnoissent plus un *pouvoir*, si l'on ne l'appelle le roi d'Espagne, ou le czar de Russie; un *ministre*, si on ne l'appelle un *chef de bataillon* ou un *conseiller d'Etat*; des *sujets*, si on ne les appelle *Pierre* ou *Paul*; sans réfléchir à l'énorme distance qu'il peut y avoir entre l'homme souvent imparfait, chef de tel ou tel Etat; et le *pouvoir* en général absolument bon, entre les hommes qui servent, souvent vicieux, et l'ordre du *ministère* social absolument bon, et qu'on ne peut pas affirmer du particulier tout ce qu'on peut affirmer du général. La manière générale ou métaphysique ne trouvera pas plus de grâce aux yeux de ceux qui tiennent à la philosophie de leur école, comme les professeurs au temps de Descartes tenoient à celle d'Aristote : esprits propres à retenir la vérité acquise, mais incapables de l'acquérir, parce que dans leur improbation précipitée et de prévention, ils oublient, tout chrétiens qu'ils sont, cette maxime de l'apôtre : « Ne méprisez aucune doctrine, » éprouvez-les toutes, et retenez celles qui » sont bonnes ». Ces dernières considérations nous conduisent à traiter de la philosophie.

I.

De la Philosophie.

La philosophie, qui signifioit chez les païens *l'amour de la sagesse*, et qui ne signifie pour nous que *la recherche de la vérité*, a commencé pour l'homme avec la parole, et pour l'univers avec l'écriture.

Comme la vérité n'est autre chose que la science des êtres et de leurs rapports, et que les êtres sont tous compris sous les expressions générales de *cause* et d'*effets*, la philosophie considérée en général suivit d'abord cette division.

La plus ancienne philosophie écrite qui nous soit connue, celle des Hébreux, s'attacha à faire connoître la cause suprême, intelligente, éternelle de l'univers, et sa volonté générale, dont les lois fondamentales des êtres sont l'expression : elle en tira la connoissance des devoirs de l'homme, et elle parla de cette cause suprême et de l'homme, son plus noble effet, et celui qui soumet tous les autres à sa pensée ou à son action, avec une hauteur d'intelligence, une force de sentiment, une magnificence de style proportionnée à la majesté des objets, et auxquels le langage des autres peuples ne put atteindre.

Les effets même purement matériels, la philosophie des Hébreux ne les considéra pas en eux-mêmes : ils ne lui parurent pas dignes de ses recherches; elle les considéra comme *l'action* merveilleuse de la cause souverainement puissante, et franchissant ces lois générales du mouvement et de la matière dont nous sommes si péniblement occupés, elle vit dans les cieux le pavillon qu'étendoit sur l'univers la main du Très-Haut, dans les nuées son vêtement, dans la terre son marche-pied, dans les foudres et les tempêtes ses messagers et ses hérauts. Si elle admira la puissance infinie du Créateur dans les grands phénomènes de la nature, elle bénit son inépuisable bonté dans les plus petits effets de la création. Les productions de la terre furent le repas préparé pour l'homme, et les animaux furent les serviteurs destinés à l'aider dans ses travaux. De là ces hymnes à la gloire de l'Etre tout-puissant et tout bon, ces cantiques de reconnoissance et d'amour, qui font de la plus haute philosophie, la poésie tantôt la plus sublime et tantôt la plus gracieuse, et qui traduisent des pensées divines en langage divin.

Les autres peuples perdirent de vue cette haute philosophie, transmise d'abord dans toutes les familles par une tradition orale, et depuis maintenue pure et entière chez le seul peuple hébreu par une transmission *écrite*. Ils s'arrêtèrent à la contemplation des effets, y cherchèrent tout, et même la cause intelligente, et multiplièrent la cause à proportion du nombre et de la variété des effets.

Les Chaldéens virent leurs dieux dans les astres, et servirent la *milice du ciel;* les Egyptiens sur la terre, dans les plantes et les animaux; les Grecs, dans les hommes, et surtout dans leurs passions. Toutes les causes secondes, l'air, le feu, l'eau, la terre et ses atomes leur parurent tour à tour la cause première de l'univers. Dans leurs vaines imaginations, ces philosophes *corpusculaires* voulurent peindre aux sens ce qui ne doit être exprimé qu'à la pensée; ils ne virent dans l'univers que des *images* de corps, au lieu d'y voir, comme les Hébreux, des figures de vérités. Les philosophes hébreux s'appeloient, avec raison, les *voyans*. Les philosophes grecs se décorèrent du nom de *sages* (1); mais ils *cherchèrent la sagesse* hors des voies de la vérité, et ils ne rencontrèrent que la corruption et le mensonge: *Græci sapientiam quærunt...... dicentes se*

---

(1) On s'appeloit alors *sage*, comme dans notre révolution on s'est appelé *vertueux*.

esse sapientes, stulti facti sunt. Epît. aux Romains.

Il y eut alors, comme aujourd'hui, deux philosophies ou deux doctrines; une philosophie divine, qui se confondit avec la religion; et une philosophie humaine, que l'homme associa à la morale : car les philosophes grecs dissertoient beaucoup sur l'homme, sur sa nature et sur sa fin.

Cependant la doctrine des Hébreux se répandoit avec leurs livres dans les parties d'Asie et d'Europe voisines de la Palestine. Elle ne fut pas inconnue aux Grecs, et donna sans doute à la philosophie de Platon ce caractère d'élévation et de vérité qui la distingue des autres doctrines de ses compatriotes. Platon fit de la philosophie avec sa raison, ou du moins avec son intelligence; les autres en firent avec leurs passions; les stoïciens, avec l'orgueil, les épicuriens, avec la volupté; le sceptique douta; les pyrrhoniens nièrent, les ecclectiques cherchèrent; les uns dirent à l'homme, *jouis;* les autres lui crièrent, *abstiens-toi;* ceux-ci lui apprirent à ne rien affirmer; ceux-là à ne rien croire.

Cette confusion de doctrines passa chez les

Romains, mais assez tard. La philosophie des Grecs, vain luxe de l'esprit, ne pénétra à Rome qu'avec tous les autres genres de luxe qui devoient venger l'univers de sa défaite, et faire expier à Rome ses succès. Mais les Romains, sévères, et occupés de grandes choses, choisirent ce qu'il y avoit de plus sage ou de moins déraisonnable dans la philosophie des Grecs, comme ils avoient retenu ce qu'il y avoit de plus grave dans leur culte; et de toutes les sectes de philosophie, les plus considérées à Rome furent celle des stoïciens, qui parloient de la vertu, et celle de l'académie, qui cherchoit de tous côtés, ne se fixoit que dans son incertitude, et n'affirmoit pas de vérité, de peur de soutenir une erreur.

Les opinions d'un homme forment sa philosophie, mais la philosophie d'un peuple est sa législation; raison pour laquelle les hommes avides de domination, imposent au peuple, comme des lois, leurs propres opinions, et veulent faire une doctrine générale de leurs sentimens particuliers. Chez les Hébreux, une doctrine intellectuelle avoit produit une législation raisonnable, ou plutôt s'étoit confondue avec elle ; mais chez les païens, une philosophie sensuelle enfanta des législations absurdes : funeste exemple, et depuis trop souvent répété !

L'univers périssoit sous ces opinions insensées et ces législations corrompues. La doctrine mystérieuse et toute en expectative des Hébreux, ne pouvoit pas plus convenir à l'homme devenu en grandissant avide de connoître la vérité et d'en jouir, que leur législation purement locale ne pouvoit convenir à la société étendue sous l'empire romain. Ce fut alors qu'il parut chez les Juifs, et qu'il sortit en quelque sorte de leurs doctrines et de leur législation une doctrine plus développée et une législation plus générale. La doctrine des Hébreux avoit révélé la *cause*; la philosophie des païens s'étoit arrêtée aux *effets*; le christianisme vint révéler au monde la connoissance du *moyen* universel, *medius*, ou médiateur, de l'être qui unit la cause universelle à l'universalité des effets, ou à l'univers, et qui forme le rapport entre le créateur et la créature.

Alors tout fut connu, êtres et rapports; tout ce qui est, et même tout ce qui peut être dans l'ordre des êtres, tels que notre raison les perçoit : car, ou la raison humaine n'est qu'une lueur vaine et trompeuse, ou tout, êtres et rapports, existans et même possibles, est compris dans cette *catégorie* générale, et la plus générale possible, *cause, moyen, effet* (1). Et comme le moyen est en rapport à la fois, et avec la cause, *de* laquelle il est, et avec l'effet, *pour* lequel il est, la philosophie des chrétiens, ou la connoissance du moyen universel, du médiateur, par qui tout a été fait ou réparé dans l'Ordre moral, fit connoître la cause et l'effet, Dieu et l'homme, autant qu'ils peuvent être connus ici-bas par la raison humaine. Cette doctrine, *scandale* pour les Hébreux, qui se croyoient les seuls *voyans*; *folie* pour les Grecs, qui se croyoient les seuls sages, convainquit d'insuffisance la doctrine des uns, et d'absurdité la philosophie des autres; et par la rectitude qu'elle

(1) Le rapport de cette proposition purement philosophique, mais fondamentale de la philosophie avec les dogmes fondamentaux du christianisme, deviendra évident.

mit dans les pensées, elle prépara les hommes à la perfection des mœurs et des lois, et même aux progrès des lumières dans tous les arts de l'intelligence.

La doctrine des Hébreux faisoit connoître la puissance de Dieu et ses desseins sur l'homme; la doctrine du christianisme fit connoître les rapports ou la société de Dieu et de l'homme, et des hommes entre eux, totalement ignorés des païens dans la spéculation, et horriblement défigurés dans la pratique. *La grande énigme* de l'univers *fut résolue.* Il n'y eut plus rien à révéler à l'homme, rien à prescrire à la société, hors de cette doctrine et de ses lois; et le fondateur de cette sublime doctrine mourant pour la propager, put dire, sous l'expression la plus simple, cette vérité profonde : *Tout est consommé.*

La philosophie des chrétiens leur auroit suffi sans doute, et le plus savant de leurs docteurs ne vouloit pas en connoître d'autre : mais forcés de combattre les païens, les premiers défenseurs du christianisme étudièrent la philosophie des Grecs, dont une nombreuse partie de l'Eglise chrétienne parloit la langue, et dont les écoles avoient fourni à la religion plusieurs de ses plus savans interprètes.

Platon, avec sa doctrine intellectuelle et ses nobles conceptions, devoit plaire aux premiers docteurs chrétiens, qui y retrouvèrent des dogmes de la religion hébraïque, et même crurent y démêler quelque connoissance des plus hautes vérités du christianisme. A mesure qu'il s'étendoit, ennemi de toutes les erreurs, il étoit combattu par tous les esprits. Les Grecs, disputeurs subtils, comme tous les esprits foibles, commencèrent ces controverses épineuses, qui durent encore, où l'on met l'adresse de la dialectique à la place de la force des raisons; et la religion permit à ses défenseurs ces armes fragiles, mais acérées, avec lesquelles l'erreur adroite et composée ne manque presque jamais de surprendre la vérité simple et confiante. De la dialectique des Grecs, unie aux idées chrétiennes, naquit la scolastique du moyen âge, qui, pour traduire les idées justes et précises du christianisme dans les langues *fausses* ou *transpositives* des païens, donna au langage des Romains une construction naturelle ou *analogue* contraire à son génie? De là ce latin moderne, connu sous le nom de *latin de l'école*, qui subsistoit encore à peu près sous la même forme dans nos études de théologie, de philosophie, de jurisprudence. Car il est des langues dans lesquelles on ne peut penser juste sans parler mal.

Avec la dialectique des Grecs, on étudia leur philosophie de mots, leur politique de crimes, leur physique de préjugés; et tout, dans le moyen âge, fut admiré de ce peuple enfant, hors la seule partie dans laquelle il eût excellé, la poétique et la rhétorique, trop fortes pour nos langues encore incultes, et des esprits encore peu exercés.

Ce fut ainsi que l'Europe parvint au quinzième siècle. Vers cette époque, un débordement de Grecs dans notre occident, de subtilités dignes des Grecs dans l'examen de nos dogmes, d'idées renouvelées des Grecs dans nos gouvernemens, de modèles grecs dans nos arts, produisit cette philosophie d'abord religieuse ou plutôt théologique, depuis si irréligieuse, amie des arts des Grecs, admiratrice de leurs fêtes, de leurs institutions politiques, même de leur culte théâtral et voluptueux, et que l'Europe a signalée aux siècles à venir sous le nom de *philosophie moderne*, nom de réprobation et d'injure; car, en morale, toute doctrine moderne, et qui n'est pas aussi ancienne que l'homme, est une erreur.

Cependant cette philosophie n'est pas aussi moderne qu'on le pense. Déisme ou athéisme, on la retrouve chez les Grecs, où de beaux esprits avoient nié la Providence, et nié la Divinité; mais au moins les païens ne méconnoissoient la Divinité qu'après l'avoir défigurée, et en avoir fait des hommes impurs ou des animaux sans raison; au lieu que nos sages, éclairés par une doctrine qui leur montre, en Dieu, une intelligence infinie, un amour immense, une action toute-puissante, sans aucun mélange d'imperfection, le méconnoissent même dans sa beauté. Chose étonnante! des hommes à qui leurs progrès dans l'art de décomposer les corps, de les classer, de calculer les lois de leurs mouvemens, ont ouvert le laboratoire de la Divinité, s'obstinent à la méconnoître (1),

(1) Les anciens jugeoient la présence des dieux au désordre de la nature, et pour eux, chaque événement

pareils à des enfans introduits dans un cabinet, qui n'en considèrent que les raretés et ne saluent pas le maître : leur doctrine *corpusculaire* s'arrête aux *causes secondes*, ne voit que des élémens et des germes, et elle prend les *moyens* de la conservation pour les *agens* de la création. Comme celle des Grecs, elle est vaine dans ses pensées et superbe dans ses discours. Elle a pris des stoïciens l'orgueil, et des épicuriens la licence. Elle a ses sceptiques, ses pyrrhoniens, ses ecclectiques; et la seule doctrine qu'elle n'ait pas embrassée, est celle des privations.

Cette philosophie moderne ignore Dieu, plus que celle des païens, et ne connoît pas mieux l'homme; encore moins connoît-elle la société. L'homme, *cette intelligence servie par des organes*, est pour nos sophistes, comme pour le sophiste grec, *un coq à deux pieds, sans plumes*, un animal *débruti, une masse organisée*, dit un écrivain encore

---

remarquable étoit annoncé par une monstruosité physique. Les modernes, à force de voir l'immutabilité de l'ordre physique, en méconnoissent l'auteur. C'est la même disposition.

vivant, *qui reçoit l'esprit de tout ce qui l'environne et de ses besoins* : doctrine abjecte et funeste, aujourd'hui paisiblement et universellement enseignée dans les écoles, où l'on s'occupe bien moins de prolonger la vie de l'homme physique, que d'étouffer toute connoissance de l'homme moral. La société n'est, pour les sages modernes, qu'un lien de convention que la volonté du peuple a formé, que la volonté du peuple peut dissoudre : semblable à la tente que le berger dresse pour une nuit, et qu'il enlève au point du jour.

Ainsi la philosophie moderne confond, dans l'homme, l'esprit avec les organes ; dans la société, le souverain avec les sujets ; dans l'univers, Dieu même avec la nature, partout la *cause* avec ses *effets*, et elle détruit tout ordre général et particulier, en ôtant tout pouvoir réel à l'homme sur lui-même, aux chefs des Etats sur le peuple, à Dieu même sur l'univers.

Cependant il s'étoit élevé vers le milieu de l'autre siècle, non une autre philosophie que celle des chrétiens, mais une autre méthode de philosopher que celle des anciens, c'est-à-dire, de procéder à la recherche de la vérité ; aussi l'ouvrage de philosophie le plus célèbre qui parût alors, fait d'après cette nouvelle méthode, fut intitulé avec raison : *De la Recherche de la Vérité*.

Au milieu de cet asservissement général des esprits à la méthode d'Aristote ; l'esprit indépendant de Descartes osa discuter les titres de ce *sage*, à la domination tyrannique qu'il s'étoit arrogée sur l'enseignement public. Les écoles le combattirent, et elles doivent toujours sonner l'alarme. Les délais qu'apporte leur résistance au triomphe de la vérité, sont un obstacle aux progrès de l'erreur, ou une protestation tôt ou tard efficace contre ses succès : c'est la quarantaine que l'on fait subir aux marchandises qui arrivent des pays suspects. La doctrine de Descartes l'emporta (1). « Le raisonnement

---

(1) Descartes, j'entends le moraliste, et non le physicien, a fait une révolution dans les pensées. Voltaire a excité une révolte dans la société ; Voltaire a joui, de son vivant, de toute sa gloire, et déjà elle commence à pâlir ; Descartes n'a pas joui de la sienne, mais elle s'est accrue après lui, parce que les grands génies, pareils aux édifices élevés, veulent être vus à

» humain, en matière littéraire, a dit Terrasson, n'est, pour ainsi dire, sorti de l'enfance que depuis Descartes, et la philosophie n'est autre chose que l'esprit de ce grand homme ». Et ailleurs : « Le système de Descartes est un système philosophique; le système de Newton est un système géométrique ou physique; aussi l'éloquence anglaise ne s'est pas perfectionnée depuis Newton, comme l'éloquence française s'est perfectionnée depuis Descartes ».

Cependant il y a deux principes admis dans la philosophie de Descartes qui ont besoin de développement, et qui, présentés sans restriction, peuvent être, et même ont été sujet ou occasion d'erreur : je veux parler du *doute* et des *idées innées*. Les réflexions auxquelles ces deux principes vont donner lieu, utiles en elles-mêmes, com-

---

une juste distance. Tous les deux ont été accueillis par des rois qui aimoient la vérité, ou ce qu'ils prenoient pour elle. Aujourd'hui, les rois, honteux d'avoir été trompés par nos charlatans, n'accueilleront plus que des artistes; et le monde, même détrompé de ses erreurs, n'aura plus de goût pour la vérité.

pléteront l'histoire des opinions philosophiques.

Le doute réel ou feint, par lequel Descartes a commencé, et qu'il conseille comme le plus sûr moyen de parvenir à la connoissance de la vérité, doit être, pour un esprit sage, autre dans les sciences physiques que dans les sciences morales. Dans les sciences purement physiques, on peut rejeter comme faux ce qui est même le plus généralement adopté, et chercher ensuite la vérité; dans les sciences morales, au contraire, qui traitent du *pouvoir* et des *devoirs*, il faut respecter ce que l'on trouve généralement établi, pour ne pas recommencer tous les jours la société, sauf à examiner ensuite s'il n'y a point d'erreur. La raison de cette différence est sensible; et Descartes n'a eu garde de s'y tromper, lui qui distingue si nettement ce qu'il faut commencer par croire, de ce qu'on peut commencer par révoquer en doute. Que la théorie des lois de l'ordre physique soit ou ne soit pas connue, les lois physiques n'en sont pas moins observées dans ce qu'elles ont de général, c'est-à-dire, de nécessaire; et l'homme qui peut découvrir, et qui même a découvert tant de choses utiles en physique, ne peut déranger rien de nécessaire. Les mouvemens planétaires et le cours régulier des saisons, ont précédé les calculs de Kepler et de Newton. Quelle que soit la nature des fluides, et la constitution de leurs parties élémentaires, ils ne tendent pas moins à se mettre en équilibre. On saignoit avant de connoître la circulation du sang, et les pompes ont été en usage bien avant les expériences sur la pesanteur de l'air. On peut donc supposer sans danger qu'il y a erreur dans l'explication de ces phénomènes, on doit même le supposer; car si on les suppose connus, on ne trouvera plus de raison suffisante d'y rechercher l'erreur, s'il y en a, et les sciences physiques resteront dans une éternelle enfance. Après tout, il importe peu de se tromper en physique, et d'abandonner, même par préjugé et avant tout examen, une doctrine, fût-elle vraie en elle-même, si toutefois il y a quelque vérité dans ce monde d'*images qui passent*, livré à nos disputes, comme une énigme que l'on propose à un cercle de gens oisifs. Mais pour les sciences morales ou sociales, et la connoissance du *pouvoir* et des *devoirs*, par cela seul qu'on est né, et qu'on vit au milieu d'une société quelconque, on obéit à quelqu'ordre d'actions qui suppose invinciblement quelque vérité dans les opinions ; car l'erreur et le désordre sont inséparables. L'idolâtrie elle-même, la plus absurde des croyances, donne quelque connoissance du *pouvoir* de la divinité et des *devoirs* de l'homme, qui, toute confuse qu'elle est, a maintenu ou maintient encore chez les païens quelque ordre de société, selon la remarque de M. Bossuet, parce qu'une notion même imparfaite de l'auteur de tout ordre, ne peut se trouver parmi les hommes sans y produire de l'ordre. On ne peut donc pas rejeter sous prétexte d'erreur toute croyance morale, (car l'athéisme n'est pas une croyance, mais l'absence de toute croyance) sans faire cesser en même temps, dans l'homme et dans la société (1), le motif ou la pratique des actions morales ; et alors il est à craindre

(1) Ainsi les actions d'humanité ont cessé chez beaucoup de Français, lorsque la société est tombée dans l'erreur, et les institutions publiques de charité ont été abolies en France.

que les passions une fois déchaînées ne veuillent plus reprendre le joug, et ne conduisent l'homme par le chemin facile du doute à l'abîme sans fond du pyrrhonisme absolu. L'homme qui commenceroit par supposer que ses théories physiques sont vraies, n'auroit aucun motif pour les examiner de plus près; car la société ne va ni mieux, ni plus mal avec des opinions vraies ou fausses sur la physique : mais l'homme qui commence par supposer que sa doctrine en morale est bonne, a toujours une raison suffisante pour en approfondir la vérité, parce qu'on ne la connoît jamais assez, et qu'il y a désordre dans la société tant qu'on n'a pas la connoissance pleine et entière de la vérité. En un mot, et pour me résumer, on peut préjuger en physique des erreurs particulières; on doit préjuger en morale des vérités générales, et c'est pour avoir fait le contraire, pour avoir préjugé la vérité en physique, que le genre humain a cru si long-temps aux absurdités de la physique ancienne, comme c'est pour avoir préjugé l'erreur dans la morale générale des nations, que plusieurs ont, de nos jours, fait naufrage sur les côtes arides et désertes de l'athéisme ; d'où, comme les sirènes, ils attirent par la facilité de leur doctrine licencieuse, les malheureux navigateurs qui parcourent les mers orageuses de la science. On ne le dira jamais assez, ce que nous savons le moins, ce sont les vérités de l'ordre physique; ce que nous savons le mieux, ce sont les vérités de l'ordre moral : nous disputons en physique sur les raisons de phénomènes que nous voudrions connoître ; mais nous contestons en morale sur les règles de nos devoirs que nous voudrions ignorer. Descartes auroit pu feindre un moment de nier l'existence de la Divinité, dont il avoit dans l'esprit la preuve qu'il en a donnée, et que Condillac n'a pas comprise. Jamais homme de génie n'a nié sérieusement la Divinité, dont il est l'expression la plus vraie et l'émanation la plus sensible. Mais ce doute est mortel pour les esprits vulgaires. La connoissance d'un être infini est un poids dont on a chargé leur foible raison, et qu'elle porte avec facilité; mais elle n'a plus la force de le reprendre toute seule, si, égarée par l'imagination, elle vient à s'en débarrasser un moment.

L'autre observation regarde l'*origine de nos idées;* question d'une haute importance, surtout aujourd'hui qu'on a fait de cette recherche une science particulière sous le nom d'*idéologie* : preuve certaine que le temps est venu de l'approfondir, et j'oserai dire, de la décider.

L'opinion des idées innées vient de très-loin. Platon, les pères de l'Eglise, l'école du moyen âge l'avoient soutenue. Descartes l'adopta. Nos philosophes modernes s'en sont moqués; et cependant J.-J. Rousseau y revient sans s'en douter, lorsqu'il dit : « Ce » que Dieu veut que l'homme fasse, il ne » le lui fait pas dire par un autre homme, » il le lui dit lui-même, et l'écrit au fond » de son cœur ». Doctrine au reste prise des païens, et qu'on retrouve dans Lucain, liv. IX.

Nec vocibus ullis
Numen eget, dixitque semel nascentibus, auctor
Quidquid scire licet.

Et dans Cicéron, *pro Mil.* : *Est non scripta, sed nata lex, quam non didicimus, accepimus, legimus, verùm ex naturâ ipsâ arripuimus, hausimus, expressimus.*

Les théologiens de *la réformation* n'avoient garde de rejeter l'opinion des *idées innées*, qui s'accorde si bien avec leur dogme favori du *sens privé* et de l'*illumination particulière*; et les théologiens catholiques respectoient, d'après l'école, une opinion qui leur paroissoit purement philosophique, et qui leur sembloit mettre l'homme dans une communication plus intime et plus détachée des sens avec l'intelligence suprême. Malebranche, le plus profond des disciples de Descartes, la rejeta : son génie méditoit de plus hautes pensées, et il avoit vu au delà de l'homme. Leibnitz y revint; mais à sa (1) manière, même après qu'elles eurent été combattues par Locke, dont il trouvoit la doctrine *très-mince sur la nature de l'âme*, et qu'il a

(1) Leibnitz croit que les idées sont en nous comme une statue est dans le bloc de marbre d'où elle doit être tirée. Cependant il y a cette différence que, pour faire un Apollon d'un bloc de marbre, il faut ôter ce qu'il y a de trop, et que pour faire un homme raisonnable d'un homme ignorant, il faut lui donner ce qui lui manque.

réfuté dans de nouveaux *Essais sur l'Entendement humain*. Cependant, je ne crains pas de le dire, on ne s'étoit jamais entendu dans cette dispute, et Malebranche l'avoit bien senti. Qu'étoit-ce que ces idées innées présentes à notre esprit, et qui y précédoient toute instruction? Si Dieu les y gravoit lui-même, comment l'homme parvenoit-il à les effacer? Si l'enfant idolâtre naissoit, comme l'enfant chrétien, avec des notions distinctes d'*un* Dieu *unique*, comment ses parens pouvoient-ils le faire croire à une multitude de dieux? D'où vient qu'il y a des matérialistes et des athées, si nous apportons en naissant des idées innées de l'existence de Dieu et de l'immortalité de l'âme? Si les hommes apportent tous en naissant les mêmes idées, pourquoi tant de variété dans les opinions? Il y a donc des idées innées et des idées acquises; et comment les idées acquises font-elles oublier les idées innées? Car enfin, on ne peut perdre que ce qu'on peut acquérir, comme on ne peut acquérir que ce qu'on peut perdre; et ici, l'homme conserve les idées fausses qu'il a acquises, et perd les idées vraies nées avec lui, et qu'il tient de sa nature. Ces idées

antérieures

antérieures à toute instruction, il fallut en faire quelque chose, et les placer quelque part. On en fit des êtres, et on en peupla la pensée. L'expérience, qui est dans la route de la vérité comme le bâton de l'aveugle, venoit contrarier ce système, et le petit nombre d'êtres humains trouvés dans les forêts, hors de tout commerce avec les hommes, dès qu'ils avoient pu parler interrogés sur leur premier état, n'avoient pu, à la grande humiliation des théologiens, et à la satisfaction de leurs adversaires, rien apprendre sur leurs idées innées, de Dieu, de l'âme, d'une autre vie, etc. etc. Cependant il étoit aussi ridicule de leur demander ce qu'ils pensoient avant d'avoir aucune expression de leur pensée, qu'il le seroit de demander à un enfant ce qu'il pensoit dans le sein de sa mère, ou d'interroger un homme qui ne se seroit jamais vu au miroir sur les traits de son visage, ou la couleur de ses yeux. Un système aussi incomplet ne pouvoit se soutenir; attaqué avec avantage, il étoit défendu d'une manière foible et embarrassée. On cherchoit la solution du problème des idées dans les hauteurs inaccessibles du pur intellect; et la religion la mettoit, pour ainsi dire, sous la main de tout le monde et dans la bouche des enfans.

On vouloit une explication philosophique et naturelle; et comment se persuader que la religion fût une philosophie, c'est-à-dire, une connoissance de la vérité, et encore qu'elle fût naturelle, et la plus naturelle de toutes les doctrines, lorsque les élémens de notre croyance nous enseignent qu'elle est surnaturelle? Ici revenoit l'équivoque de ce mot *nature* et *naturel*, qui a produit de si grandes erreurs, et, par une suite inévitable, de si grands désordres. La religion sans doute est *surnaturelle*, si l'on appelle la *nature* de l'homme son ignorance et sa corruption natives, dont il ne peut se tirer par ses seules forces; et dans ce sens toute connoissance de vérité morale lui est surnaturelle : mais la religion est ce qu'il y a de plus naturel à l'homme pour former sa raison et régler ses actions, si l'on voit la nature de l'être là où elle est, c'est-à-dire, dans la plénitude de l'être, dans l'état de l'être accompli et parfait; état de virilité de l'homme physique, opposé à l'état d'enfance;

état de lumière pour l'homme moral, opposé à l'état d'ignorance; état de civilisation pour la société, opposé à l'état de barbarie. La religion est ce qu'il y a de plus naturel, parce qu'elle est ce qu'il y a de plus parfait; et même l'on peut dire qu'elle n'est surnaturelle à l'homme ignorant et corrompu, que parce qu'elle est naturelle à l'homme éclairé et perfectionné. Ici je prie le lecteur de faire un rapprochement important. Un parti de théologiens, qui date de l'autre siècle, ne voit dans l'homme que sa nature corrompue, dégradée, originelle, inerte selon eux, impuissante à tout bien, même à aider à celui qu'on veut lui faire; et les philosophes modernes voient la véritable nature de l'homme social dans l'état foible, misérable, ignorant, barbare, de la vie sauvage. Je reviens à l'origine des idées. Malebranche, par excès de christianisme, si je puis le dire, dépassa la solution du problème, et fut la chercher dans des communications directes avec l'éternelle raison; opinion excessive et peu développée, qui supprime trop d'idées intermédiaires. Condillac pécha par le défaut opposé, et resta en arrière de la solution, dont ses recherches sur les signes des pensées l'approchent sans cesse, au point qu'il semble quelquefois y toucher, mais dont ses préjugés déistes l'éloignent toujours. Il ne leur manqua à l'un et à l'autre que de faire à l'homme intellectuel une application réelle et positive d'un dogme fondamental de la société intellectuelle ou religieuse, de conclure de Dieu à l'homme, *son image et sa ressemblance*, et de dire : qu'ainsi que *Dieu*, intelligence suprême, *n'est connu que par son Verbe*, expression et image de sa substance ; de même *l'homme*, intelligence finie, *n'est connu que par sa parole*, expression de son esprit, ce qui veut dire que l'être pensant s'explique par l'être parlant. Alors le mystère de nos idées leur eût été dévoilé ; ils auroient vu que la connoissance des vérités morales, qui sont nos idées, est *innée*, non dans l'homme, mais dans la société ; dans ce sens qu'elle peut ne pas se trouver dans tous les hommes, et qu'au contraire, elle ne peut pas ne pas se trouver plus ou moins dans toutes les sociétés, puisqu'il ne peut même y avoir aucune forme de société sans connoissance de quelque vérité morale. Ainsi l'homme entrant dans la société, y trouve cette connoissance comme une substitution toujours ouverte à son profit, sous la seule condition de l'acquisition de la parole, perpétuellement subsistante dans la société. De là vient qu'on trouve dans toutes les sociétés, avec une langue articulée, une connoissance plus ou moins distincte de divinité, d'esprits, d'un état futur, etc., et qu'on peut ne pas la trouver chez tous les hommes, et qu'on ne l'a même jamais trouvée chez ceux que des accidens avoient séquestrés de tout commerce avec les hommes, et privés de la révélation de la parole.

Il faut donc apprendre aux hommes ces vérités, si l'on veut qu'ils les connoissent; et leur parler la parole de Dieu pour qu'ils aient la pensée à Dieu : il faut même les instruire dès les premiers jours de leur existence, former leur raison avant leurs sens, parce que ce qui est destiné à commander, doit, sous peine de désordre, précéder dans ses développemens ce qui est destiné à obéir, et réserver les études physiques, qui amusent l'esprit et occupent le corps, pour l'âge où les passions font irruption dans le cœur de l'homme, et mettent, pour ainsi dire, à leur disposition toutes ses facultés physiques et morales. Grâces à l'auteur d'*Emile*, on suit, dans l'éducation actuelle, une méthode absolument inverse; nous avons des naturalistes de huit ans, et des athées de vingt : on donne aux sens la raison à former, comme dans la société on attribue au peuple le droit de faire son souverain, et nous savons tout de la nature, hors par qui elle a été faite, et ce que nous devons y faire. On dira peut-être que des hommes élevés sans connoissance de la Divinité, formeront une société où cette connoissance ne se trouvera pas; mais une société sans connoissance de Dieu, si elle étoit possible, seroit un rapprochement sans réunion, un ordre sans règle indépendante; il y auroit des forces, et point d'autorité; des volontés, et point de raison : plante desséchée dans son germe qui ne sauroit se reproduire, et la question de Bayle sur la possibilité d'une société d'athées, est plus inepte encore en philosophie, qu'elle n'est scandaleuse en morale.

Cette proposition rationnelle : « La pensée

» ne peut-être connue que par son expression » ou la parole », renferme donc toute la science de l'homme, comme la maxime chrétienne, « Dieu n'est connu que par son » Verbe », renferme toute la science de Dieu, et par la même raison.

La parole est l'expression naturelle de la pensée; nécessaire, non-seulement pour en communiquer aux autres la connoissance, mais pour en avoir soi-même la connoissance intime, ce qu'on appelle avoir la *conscience* de ses pensées. Ainsi, l'image que m'offre le miroir m'est indispensablement nécessaire pour connoître la couleur de mes yeux et les traits de mon visage; ainsi la lumière m'est nécessaire pour voir mon propre corps.

La pensée se manifeste donc à l'homme, ou se révèle avec l'expression et par l'expression, comme le soleil se montre à nous par la lumière et avec la lumière. Mais si je ne puis connoître ma pensée sans une expression qui la rende sensible, je ne puis entendre une expression qu'autant qu'elle sert à revêtir une pensée, et une expression qui n'a pas de sens ou de pensée, est un son, un bruit aux oreilles (1). La solution du problème de l'intelligence peut donc être présentée sous cette formule : « Il est nécessaire que l'homme » pense sa parole avant de parler sa pensée ». Ce qui veut dire qu'il est nécessaire que l'homme sache la parole avant de parler ; proposition évidente, et qui exclut toute idée d'invention de la parole par l'homme. Cette impossibilité physique et morale que l'homme ait inventé sa parole, peut être rigoureusement démontrée par la considération des opérations de notre esprit, combinée avec le jeu de nos organes (2), et le mystère même de

---

(1) Un enfant qui a l'esprit plutôt développé que l'organe vocal, ce qui se voit fréquemment, entend le sens des paroles qu'il ne peut répéter, et donne des signes non équivoques d'intelligence. Le perroquet en qui l'organe vocal est développé et qui n'a pas d'intelligence, répète des paroles dont il n'entend pas le sens, et ne donne aucune marque qu'il les comprenne : l'enfant a la parole intérieure ou l'intelligence ; la brute a la parole extérieure ou l'articulation ; l'un rend des pensées, l'autre rend des sons, qui expriment nos pensées, et non pas les siennes.

(2) Les uns ont traité de l'âme, les autres des organes ; il nous manque les ouvrages où l'on traite de

cette parole intérieure, dont la parole extérieure n'est que la répétition, et, pour ainsi dire, l'*écho*, certain aux yeux de la raison, se montre dans la doctrine religieuse, et l'on y lit ces paroles qui le prouvent : *Si orem linguâ, spiritus meus orat* : « Mon » esprit parle quand ma langue prononce ». *I Epît. aux Corinth., ch. XIV.*

Il faut donc des paroles pour penser ses idées, comme il faut des idées pour parler et être entendu (1). La faculté de penser est *native* en nous, puisqu'elle est nous-mêmes,

---

l'âme relativement aux organes, et des organes relativement à l'âme. Ainsi dans la science de la société, les uns ont traité de la religion, les autres de la politique; il faut, pour bien faire, traiter de la politique dans la religion, et de la religion dans la politique.

(1) Les muets parlent par gestes, parce qu'ils pensent par images, et le geste est l'expression de l'image; comme la parole l'est de l'idée. Justice est une *idée* : arbre est une *image*. Cette distinction fondamentale sera expliquée. Au reste, les sourds-muets peuvent recevoir la parole par l'écriture; ils la voient et ne l'*ouïssent* pas, et c'est là l'objet de l'éducation qu'on leur donne. Cette note a paru nécessaire pour éclaircir l'objection tirée des sourds-muets, qui auroit pu arrêter le lecteur.

et qu'on ne peut concevoir un homme sans faculté de penser : mais l'art de parler est *acquis*, et nous vient des autres, puisqu'on voit des hommes qui ne parlent pas, parce qu'ils n'entendent pas parler, et qu'on voit parler tous les hommes qui entendent parler les autres. L'un et l'autre sont inséparables dans leur opération mutuelle, et s'exercent simultanément. On ne peut donc penser sans se parler à soi-même, au moins pour les idées dont l'objet ne peut être figuré par le dessin : de là cette expression de l'Ecriture en parlant de la Sagesse : « Dites-moi » son nom, si vous le savez » ; car l'esprit ne cherche jamais que des noms : de là ces passages de J.-J. Rousseau : « L'esprit ne marche » qu'à l'aide du discours..... et la parole » me paroît avoir été fort nécessaire pour » inventer la parole ». Preuve de l'opinion où étoit cet écrivain, que la parole est venue à l'homme par *transmission*, et que les langues sont un *don*. De là enfin ce mot de Condillac lui-même, qui de temps en temps tombe dans la vérité, comme un homme qui va à tâtons trouve quelquefois une porte pour sortir : « Une méthode de

» science n'est qu'une langue bien faite ». Ce qui veut dire qu'on a toutes les pensées d'une science quand on en a tous les mots.

L'homme, à quelque instant qu'on suppose de la durée, a donc reçu la parole, et n'a pu l'inventer comme il la reçoit aujourd'hui, et ne l'invente pas (1). Et admirez la fécondité, et, pour ainsi parler, le bon sens naturel de ce principe. Soit que l'Etre suprême ait créé l'homme parlant, soit que par des moyens qui nous sont inconnus, et qu'il nous est inutile de connoître, il lui ait donné la parole après l'avoir créé (2), il est certain, c'est-à-dire, conforme à toutes les notions de la raison, que cet être infiniment

---

(1) Un enfant sourd ne reçoit pas la parole, et ne l'invente pas; mais un enfant doué de l'organe de l'ouïe, devant lequel, s'il étoit possible, on diroit toujours des paroles forgées, sans liaison et sans aucun sens, n'inventeroit pas plus que le sourd à parler raisonnablement et de manière à être entendu.

(2) La Version des Septante, ch. XXXVIII, ℣. 14, porte: « Est-ce vous, dit Dieu à Job, qui avez pris » de la terre d'argile, et qui, en ayant formé l'être » animé, *lui avez donné la parole*, et l'avez mis sur » la terre »?

sage, puisqu'il est infiniment puissant, n'a pu mettre dans les organes de l'homme que des paroles de raison, comme il n'a mis dans son intelligence que des idées de vérité. Il lui a donc donné avec la parole des maximes de croyance, et des règles de conduite, des lois pour ses pensées, et des lois pour ses actions, et sur ce point, la raison s'accorde avec la doctrine des Hébreux, qui nous montre l'Etre suprême conversant avec le premier homme, et donnant des lois écrites au premier peuple, parole qui se retrouve avec mille modifications différentes dans les familles les plus barbares; lois qui, à travers mille altérations, s'aperçoivent chez les peuples les plus sauvages; et la mythologie païenne nous montre aussi les dieux conversant avec les mortels, et les législateurs païens font aussi venir du ciel les lois qu'ils donnent à la terre.

Les théologiens, partisans *des idées innées*, entendues dans le sens absolu, insistoient sur le fait historiquement certain de la révélation *écrite* de la doctrine; mais ils ne connurent pas le fait physiquement nécessaire de la révélation *parlée* qui avoit précédé. La vérité historique peut toujours être combattue, parce que, quoique *certaine* pour tous les hommes, tous les temps et tous les lieux, elle n'est *évidente* que pour le lieu qui en a été le théâtre, le temps qui en a été l'époque, les hommes qui en ont été les témoins; et même cette certitude paroît s'affoiblir à mesure que les faits s'enfoncent davantage dans la nuit des âges, et dans ces temps où l'Histoire est contemporaine de la Fable; mais la nécessité physique est vraie, est évidente toujours, partout et pour tous: si l'homme aujourd'hui ne peut recevoir la parole que par transmission, il n'a jamais pu l'acquérir par invention; parce que si l'on peut supposer un affoiblissement dans ses forces, on ne peut supposer une révolution dans sa nature.

Ainsi la preuve de l'existence d'un être supérieur à l'homme, et d'une loi antérieure à sa raison, est toujours également forte; si l'on démontre que, posé les opérations de l'intelligence humaine, et le concours nécessaire de ses organes, il est impossible à l'homme de découvrir la parole et d'en faire un langage, et que loin d'avoir inventé la parole, l'homme n'auroit pu, sans la parole, avoir la pensée même de l'invention (1).

La distinction de religion *naturelle* et de religion *révélée*, ne contribuoit pas peu à éloigner les esprits de ces recherches. On regardoit la religion naturelle comme une religion *innée*, et cette opinion se lioit à celle des *idées innées ;* car ce n'est pas pour laisser son Emile dans l'ignorance de toute religion, mais afin qu'il ne suive que la religion *naturelle*, que J.-J. Rousseau ne veut pas

(1) Tous ceux qui supposent que l'homme a inventé la parole, font mouvoir à leur gré leurs personnages, et leur prêtent leurs propres opérations. *Ces enfans* (supposés nés et élevés dans les bois, et hors de tout commerce avec les hommes), disent-ils, *pensèrent...*, *réfléchirent...*, *comprirent...*, *jugèrent...*, *ils se dirent à eux-mêmes....*, et tout cela avant la parole, *moyen* de pensée, de réflexion, de compréhension, de jugement, expression du discours même intérieur.... Cependant on ne voit pas autre chose dans Condillac et ses disciples, et ils font raisonner l'homme sans voix articulée, et par conséquent au dernier état de brutalité, précisément comme raisonnoit en lui-même Leibnitz, qui, avec la connoissance de toutes les langues de l'Europe ancienne et moderne, cherchoit à inventer une langue universelle.

qu'on l'instruise dans la religion, parce qu'il suppose que l'enfant peut connoître sans instruction la religion naturelle. Mais la religion même naturelle, la connoissance de Dieu, de notre âme et de ses rapports avec Dieu, veut être apprise ou révélée; comme la religion appelée *révélée*, *fides ex auditu* : et la religion révélée est aussi *naturelle* que la religion dite naturelle : mais l'une a été *révélée* par la parole, et elle est *naturelle* aux hommes en société de famille primitive, isolée de tout autre société; et l'autre est révélée par l'Ecriture, et elle est *naturelle* aux hommes réunis en corps de nation. Sans doute la religion naturelle est un rayon que Dieu fait luire dans nos âmes; mais la parole est la lumière distincte du soleil, et sans laquelle il ne pourroit frapper mes regards. La parole est *la lumière qui éclaire tout homme venant en ce monde*, et qui luit dans le lieu obscur de notre intelligence, pour nous y faire voir nos propres pensées, comme la lumière physique, pénétrant dans un lieu obscur, me fait voir même mon propre corps. Les chrétiens disoient, comme Cicéron en parlant de la loi naturelle, *nata lex quam non didicimus*, « cette loi *innée* que nous n'avons pas » apprise »; et comme Lucain, ils disoient de la Divinité : *Nec vocibus ullis numen eget*, « la Divinité n'emploie aucun langage » pour instruire l'homme ». Il semble qu'on crut plus digne de la grandeur de Dieu, de supposer qu'il nous donne des pensées immédiatement, et sans l'intermédiaire d'aucun moyen ou *milieu* qui les *réalise* et les rende sensibles. Sans doute l'intelligence absolument incorporelle peut avoir des idées de cette sorte; mais l'intelligence organisée n'a un esprit qu'à la charge de se servir d'un corps : que si elle *est* pensée, elle en a ou en acquiert l'expression; et Dieu soumis lui-même, et plus que l'homme, aux lois générales qu'il a établies, a donné la pensée à condition de la parole, comme il a donné la vision à condition de la vue, et l'audition à condition de l'ouïe (1).

---

(1) Parole, vision, audition, sont l'action de l'âme; articulation, vue, ouïe, sont le jeu des organes. Ainsi l'âme entend, quand l'oreille ouït; elle regarde ce que l'œil voit; elle dit ce que la langue articule. *Si orem*

Les

Les sophistes, plus éclairés sur leurs intérêts, s'emparèrent du poste que leur laissoit la négligence de leurs adversaires; et pour ruiner la certitude de la révélation *écrite*, ils cherchèrent à établir l'inutilité de la révélation *orale*, en supposant possible que l'homme eût lui-même inventé la parole. Ils commencèrent par séparer l'une de l'autre, et reléguer chacune aux deux pôles du monde moral, la révélation et la raison; comme si la révélation ne devoit pas être raisonnable, ou que la raison ne fût pas acquise par une instruction, qui n'est autre chose qu'une révélation divine ou hu-

---

linguâ, spiritus orat. Ainsi on peut articuler sans rien dire; ouïr sans entendre; voir sans regarder, comme on regarde sans voir, on entend sans ouïr, on s'exprime même sans parler, sans gesticuler, et même par le silence. Rien ne prouve mieux la distinction de l'esprit et des organes: et ce qu'on appelle *la physionomie*, dont les yeux dans la figure humaine sont le trait le plus marqué, n'est autre chose que ce regard de l'âme et cette expression générale de nos sentimens habituels, qui se manifeste même dans le repos de nos organes.

maine! Ils furent aidés en cela par beaucoup de chrétiens, qui, à force de vouloir déprimer l'orgueil de la raison pour relever le bienfait de la révélation, faisoient presque douter si l'homme fait à l'image de Dieu avoit une raison suffisante pour recevoir la révélation; et qui, d'un autre côté, foibles théologiens, pour parler avec M. Bossuet, croyoient, ce semble, la raison assez pénétrante pour ruiner par ses recherches, ou du moins affoiblir la certitude de la révélation, et qui ignoroient que la foi n'est jamais plus simple que lorsque la raison est plus éclairée.

Quoi qu'il en soit, les sophistes, débarrassés de la révélation, et quelquefois avec des protestations de respect, comme de jeunes libertins se débarrassent de la présence d'un vieillard incommode, et restés seuls avec leur raison qu'ils appelloient *naturelle*, cherchèrent au plus étonnant de tous les phénomènes, celui de la parole, une explication *naturelle*, et voici ce qu'ils imaginèrent de plus *naturel*.

Les uns, sans être retenus par ce respect qu'un écrivain doit toujours conserver pour ses lecteurs, doutèrent si l'homme n'avoit pas pu naître sans père ni mère de son espèce, ou sans l'intervention d'un être supérieur à lui, et par la seule énergie de la matière. Les autres se contentèrent de supposer qu'il avoit été, dès sa naissance, séparé de ses parens, et que cet être foible, indéfendu par la nature, avoit pu, seul et sans art, se défendre contre les accidens extérieurs et contre ses propres besoins. Cette dernière hypothèse, tout aussi impossible que l'autre, mais un peu moins absurde, fut celle sur laquelle Condillac éleva à grands frais d'imagination l'édifice de son roman sur l'invention de la parole. Il avoit supposé l'homme une statue, pour nous apprendre comment il pensoit; il en fit une brute, pour nous apprendre comment il avoit inventé de parler; et pour mieux prouver que des enfans abandonnés avoient pu inventer la parole, il s'appuya très à propos de l'exemple de quelques êtres à figure humaine, trouvés dans les bois, même deux ensemble, dont aucun ne faisoit entendre un mot, un seul mot articulé, et dont quelques-uns poussoient des cris semblables à ceux des animaux au milieu desquels ils vivoient : nouvelle preuve que l'homme apprend plutôt l'accent de la brute, qu'il ne peut se faire à lui-même sa parole.

Jamais plus de rêves extravagans, de suppositions gratuites, de prodiges, en un mot, ou plutôt de monstruosités pour donner une explication *naturelle* ; et jamais on ne s'éleva avec plus d'impudence contre l'expérience, aussi ancienne et aussi universelle que le genre humain, de la transmission nécessaire de la parole, que l'homme reçoit, si elle lui est transmise, ignore, si elle ne l'est pas, ou ne peut pas l'être, reçoit telle qu'on la lui transmet, modifiée dans ses lois, suivant les nations ; dans ses accens, suivant les contrées ; souvent dans ses habitudes, suivant les familles. Aussi J.-J. Rousseau, frappé de la contradiction qu'il y a à supposer que les hommes soient convenus, sans se parler, de tel ou tel langage, et de ses règles générales, partout les mêmes, après avoir discuté cet amas de rêves incohérens, finit par dire : « Pour moi, convaincu de l'impossibilité *presque démontrée*, que les langues aient pu naître et

» se former par des moyens purement hu» mains, je laisse à qui voudra l'entrepren» dre, la discussion de ce difficile pro» blème ».

Et remarquez quelles conséquences importantes et opposées naissent en foule de ces opinions contradictoires. Si le genre humain a primitivement reçu la parole, comme nous l'avons dit plus haut, il est de toute nécessité qu'il ait reçu, avec la parole, la connoissance de la vérité morale. Il y a donc une loi primitive, fondamentale, souveraine, une loi-principe, *lex-princeps*, comme l'appelle Cicéron, une loi que l'homme n'a pas faite, et qu'il ne peut abroger. Il y a donc une société nécessaire, un ordre nécessaire de vérités et de devoirs. Mais si l'homme, au contraire, a fait lui-même sa parole, il a fait sa pensée, il a fait sa loi, il a fait la société, il a tout fait; il peut tout détruire: et c'est avec raison que dans le même parti qui soutient que la parole est d'institution humaine, on regarde la société comme une convention arbitraire, et qu'on a dit: « Un » peuple a toujours le droit de changer » ses lois, même les meilleures; car s'il

» veut se faire mal à lui-même, qui est-ce » qui a le droit de l'en empêcher»? et que Jurieu, allant plus loin encore, et déchirant le voile officieux qui couvre la souveraineté du peuple, a osé dire: « Le peu» ple est la seule autorité qui n'ait pas be» soin d'avoir raison ». Et effectivement la raison et l'autorité populaire ne se trouvent que bien rarement ensemble.

Si le langage est d'institution humaine, comme l'imprimerie et la boussole, la parole n'est pas nécessaire à l'homme en société (1); car rien de ce que l'homme invente n'est nécessaire à la société, puisque la société existoit avant l'invention. La société,

---

(1) On veut que l'homme sans parole soit un animal. Il n'est rien, parce que l'animal muet est dans sa nature, et que l'homme sans expression n'est plus dans la sienne, et qu'un être qui est hors de sa nature n'est pas. Ce qui prouve que l'homme n'est point un pur animal, même sous le rapport de la reproduction, c'est que l'animal est plus ardent à mesure qu'il est plus sauvage, et l'homme plus froid à mesure qu'il est moins civilisé. Otez un degré de vie sociale ou de civilisation à des peuples qui vont nus, tels que les Patagons, et il n'y aura plus même de sexe parmi eux.

même domestique, n'est plus nécessaire à l'homme; car l'accord libre du père et de la mère pour la conservation de l'enfant, suppose volonté, pensée, expression par conséquent, et si l'homme a inventé la parole, l'homme a inventé, je ne dis pas le mariage, mais la famille. Et quand je dis la parole, il faut entendre l'expression de la pensée, même par gestes, parole de ceux qui n'en ont pas d'autre, des sourds et muets, mais parole transmise, comme l'autre, par le commerce des hommes; car les animaux n'ont point de gestes, quoiqu'ils aient des mouvemens, et des aveugles n'ont point de gestes, quoiqu'ils aient la parole. Des enfans abandonnés, hors de toute communication avec des hommes parlans, ne feroient point de gestes imitatifs, quoiqu'ils eussent des mouvemens animaux, et qu'ils donnassent des signes involontaires de plaisir, de douleur, ou de besoin. Mais pour faire des gestes imitatifs, délibérés et avec intention, il faut avoir vu des actions à imiter, avoir observé que tel geste correspond à telle action, et avoir vécu par conséquent en société avec des êtres qui pensent et qui s'expriment.

Si la parole est d'invention humaine, il n'y a plus de vérités nécessaires, puisque toutes les vérités nécessaires ou générales ne nous sont connues que par la parole, et que nos sensations ne nous transmettent que des vérités relatives et particulières. Il n'y a plus de vérités géométriques; car comment sais-je autrement que par la parole et le raisonnement, qu'il y a des lignes absolument et nécessairement droites, des cercles absolument ronds, des triangles absolument rectangles, lorsque mes sens ne me rapportent jamais que des lignes relativement droites, et des cercles relativement ronds? etc. etc. Il n'y a plus de vérités arithmétiques; car mes sens ne voient qu'*un*, *un*, *un*, et c'est ma parole qui compte trois, quatre, cent, mille, etc. etc., et qui combine des valeurs qui ne sont jamais tombées et qui ne tomberont jamais sous mes sens. Il n'y a plus de vérités morales : car toutes ces vérités ne nous sont connues, que par des formes de langage que l'inventeur, libre dans ses inventions, a pu ne pas inventer, ou inventer toutes différentes de ce qu'elles sont aujourd'hui, ou différentes encore chez les différens peuples, car pourquoi n'y auroit-il eu qu'un inventeur? Il n'y a plus de vérités historiques, et l'homme ne sait que ce qu'il voit et ce qu'il touche; et encore, s'il saisit les êtres, ne peut-il combiner leurs rapports, puisqu'il ne les combine qu'à l'aide de la pensée exprimée par la parole (1).

Et remarquez que presque toutes ces conclusions ont été tirées par les sophistes modernes, parce qu'à cause de la liaison nécessaire de nos idées, l'esprit de l'homme est conséquent dans l'erreur comme dans la vérité. La même école qui a soutenu l'invention arbitraire de la parole, a ruiné le

---

(1) L'uniformité des langages, dans le sens qu'ils se traduisent tous les uns les autres, et font entendre la même pensée chez les divers peuples, dépose contre l'invention attribuée à l'homme. Il y a un instituteur général qui a donné une langue générale, qui s'est modifiée suivant les lieux, les temps et les hommes; comme un même maître à écrire donne à cent élèves une écriture différente, selon la construction de l'organe et la vivacité de l'esprit; et comme cent idiomes différens rendent une même pensée, cent écritures différentes rendent une même parole.

fondement de toutes les vérités morales et historiques, et n'a fait grâce qu'aux vérités physiques et géométriques, « vaine pâture des » esprits curieux et foibles », dit M. Bossuet, parce qu'elles nourrissent l'orgueil à peu de frais pour l'esprit, et qu'elles ne demandent aux passions aucun sacrifice.

Qu'on cesse donc de s'étonner, si nous avons mis une si haute importance à la question de la révélation de la parole. Toute la dispute entre les deux partis qui divisent l'Europe savante, les théistes et les athées, les chrétiens et les sophistes, se réduit à ce fait, à ce seul fait : là est la preuve de l'existence de Dieu, le motif des devoirs de l'homme, la nécessité des lois et de la société : là est la raison du pouvoir religieux, du pouvoir civil, du pouvoir domestique ; en un mot, la raison du monde moral ou social, que l'art de la parole a tiré du néant de l'ignorance et du chaos de l'erreur. Je le dis aux amis et aux ennemis : cette question est, dans le grand combat de la vérité morale contre l'erreur, comme ces postes importans dont la possession décide le succès d'une campagne, et que deux armées se disputent avec opiniâtreté. Les esprits observateurs qui voient poindre le jour de la vérité dans les dernières ombres de l'erreur, peuvent déjà s'apercevoir que l'*idéologie* moderne, occupée depuis long-temps des *signes et de leur influence* sur la pensée, provoque elle-même, sans le vouloir, la décision de la question du langage inventé ou reçu; et sous ce rapport on peut assurer que l'*idéologie* tuera la philosophie moderne.

Avant de traiter de l'*idéologie*, qui a remplacé dans le langage et dans les études la *métaphysique*, parce que la philosophie moderne ne voit dans l'univers d'autres idées que celles de l'homme, nous nous arrêterons un moment pour faire remarquer au lecteur une conséquence bien vaste des principes que nous venons d'exposer. Nous sommes au haut d'une montagne d'où l'on peut découvrir un immense horizon. Si nos pensées sont exprimées par nos paroles, si nos paroles sont l'expression naturelle de nos pensées, une révolution dans le langage sera ou fera une révolution dans les pensées; et remarquez aussi que l'Ecriture, ce livre où tout se trouve, assigne la confusion des langues pour date et pour cause à la révolution que produisit dans la doctrine morale la dispersion des peuples, d'où suivit l'oubli des traditions primitives. Le plus profond de nos grammairiens, l'abbé Girard, pense, et, je crois, avec raison, que la révolution qui s'opéra dans le langage, et que rien n'oblige à croire instantanée pas plus que la création, fut la division en langage *analogue*, ou conforme à l'ordre naturel des êtres, langage vrai, conservé dans l'antiquité, chez le peuple où se conserva le dépôt de toutes les vérités (1), et le langage *transpositif*, ou contraire à l'ordre naturel des êtres : langage faux, et par cela plus propre aux passions, comme le remarque Diderot, et que l'on retrouve chez toutes les nations

---

(1) Les deux langues les plus vraies ou les plus analogues du monde, sont l'hébraïque et la française : ce qui rend peut-être celle-ci extrêmement propre à traduire l'autre, et qui fait que les plus beaux morceaux de notre poésie sont traduits ou imités de l'hébreu. Si la France n'avoit pas en Europe le dépôt des vérités, il semble qu'elle en eut la garde ; puisse-t-elle ne pas perdre cette noble prérogative !

païennes. On peut faire une observation semblable sur les peuples chrétiens en général, beaucoup plus vrais ou plus analogues dans leur langage que les Grecs et les Latins, mais plus ou moins *analogues* entre eux dans leur idiome particulier, selon qu'ils obéissent à des lois plus ou moins naturelles de société politique; et pour en citer un seul exemple, Leibnitz remarque que la langue allemande, la plus transpositive des langues modernes, a suivi toutes les phases de la constitution germanique, la plus irrégulière des constitutions chrétiennes, malgré le laborieux arrangement de ses parties; et l'on peut assurer que dans ce moment qu'il se prépare des changemens importans à cette constitution, les beaux esprits du nord essaient d'introduire dans leur langue une construction plus naturelle. Ces considérations, vraies en général, demanderoient un traité particulier qui paroîtra peut-être un jour : il suffit aujourd'hui à l'objet qui nous occupe, de les avoir indiquées à la sagacité du lecteur.

Au reste, les anciens se rapprochoient beaucoup plus que les philosophes modernes des traditions hébraïques sur l'origine du langage. Leur mythologie attribuoit à des dieux descendus au milieu des hommes, et conversant avec eux, l'invention des arts même mécaniques. Cicéron dit que l'écriture n'a pu être inventée par un simple mortel; et effectivement *Mercure-Trismegiste* ou *Hermès*, à qui les Égyptiens en faisoient honneur, sont des noms de divinités. Il semble même que les anciens connussent cette vérité, que toutes nos pensées sont dans nos paroles, lorsqu'ils comprenoient presque toutes les sciences sous le nom de *grammaire*, qui est proprement l'art de parler, et que les Grecs appeloient du même nom *logos*, la parole et la pensée.

Nous terminerons l'histoire de la philosophie par quelques observations sur *l'idéologie*.

Chez le peuple le plus éclairé de l'Europe dans ses pensées, le plus naturel dans son langage, et le mieux *ordonné* dans ses lois religieuses, politiques et civiles, Descartes, Malebranche et leurs nombreux disciples, avoient spiritualisé la question de l'origine des idées, au point (Malebranche surtout) de n'y faire entrer que le pur intellect, presque sans mélange de sensations. Locke, sous l'influence d'une autre religion, d'un autre gouvernement, d'une autre langue, chez un peuple exclusivement livré aux soins terrestres; Locke, esprit patient et subtil, propre à suivre une route tracée (1), voulut s'en frayer une nouvelle, et matérialisa la question des idées, dont il vit l'origine uniquement dans nos sensations, et qu'il étoit même incertain si l'on ne pouvoit pas attribuer à la pure matière (2).

Condillac, qui a été à Locke ce que Malebranche fut à Descartes, enchérit sur la doctrine de son maître, porta à l'excès la manière aride et glacée qui caractérise l'é-

(1) Il a donné aussi dans l'erreur du pouvoir *conditionnel* ou *du contrat* entre le souverain et les sujets.

(2) Bayle demande si une république d'athées peut subsister; Locke, si la matière est susceptible de la faculté de penser? Les hommes superficiels prennent ces questions pour un doute savant; elles ne sont que l'irrésolution de l'ignorance; Descartes ou Leibnitz ne font pas des questions pareilles, qui ruinent par leurs fondemens l'homme et la société.

cole de métaphysique *matérialiste*, fit de l'homme, tantôt une statue, tantôt un animal sauvage, ôta à l'être infini les idées générales comme indignes de lui, et les attribua à la brute; toute forme humaine, tout esprit de vie, tout caractère d'intelligence disparurent sous le scalpel de cette dissection idéologique, et résumant en deux mots son triste système, Condillac appela nos pensées des *sensations transformées*.

Ce système a prévalu dans les écoles modernes, où l'on s'est imaginé le comprendre: on y jure par Condillac, comme on juroit jadis par Aristote; et sa doctrine des sensations y est si bien établie, que dans le dernier ouvrage sorti de cette école qui ait paru sur ces matières, intitulé: *Des Signes, et de leur influence sur l'art de penser* (1), l'auteur,

---

(1) 1°. Peut-on appeler du même nom de *signes* le rire et les larmes, accens de la joie ou de la douleur, que je puis contrefaire, quoique je ne les éprouve pas, et que ceux qui me voient n'éprouvent pas comme moi; et la parole et le geste, expression toujours vraie d'une pensée actuelle, qui réveille dans l'esprit des autres une pensée toute semblable? Peut-on

teur, membre de l'Institut, ne craint pas de dire : « Je pars ici du principe reconnu » aujourd'hui par tous les philosophes, que » l'origine de toutes nos connoissances est » dans nos sensations, et c'est par l'analise » de la sensation que je commence » : cette opinion cependant a été combattue par les plus grands philosophes des siècles passés, Platon, St. Augustin, Descartes, Malebranche, Fénélon et Leibnitz, et elle est encore formellement combattue par M. *Kant*, le philosophe le plus accrédité de notre temps.

Le croiroit-on ? c'est une malheureuse équivoque qui a plus qu'on ne pense contribué à décréditer le génie éminent des philosophes de l'autre siècle, et entre autres de Malebranche. L'école de Port-Royal, supérieure en littérature, outrée en morale,

---

dire, l'art de penser, et penser est-il un art ? Bien penser sur telle ou telle chose, est un art, et toute science n'est que l'art de bien penser sur un objet : mais penser, pris d'une manière absolue, n'est pas plus un art que se mouvoir. On ne dit pas, l'art du mouvement, et l'on dit, l'art de la danse, qui est une suite des mouvemens ordonnés pour une fin.

aigre et orgueilleuse dans la dispute, commença le combat (car alors on mettoit, à la vérité, assez d'intérêt pour la combattre) contre la philosophie de Malebranche, contraire à ces opinions étrangères, séduisantes d'austérité, qui se sont naturalisées parmi nous, et y ont fait tant de bruit et tant de maux. Elle opposa sa morale chagrine et son style froidement correct, à cette doctrine vivifiante et généreuse, qui s'énonce ou plutôt qui se colore dans un style animé, plein de force et de grâces, comme une lumière brillante à travers un cristal.

Dans un siècle qui sortoit à peine des vaines et barbares arguties d'Aristote, on fit à Malebranche un crime, ou peu s'en faut, de parler le langage conforme à de hautes pensées, et de donner à la vérité une expression digne de sa beauté; il sembloit qu'on ne pût enchanter le lecteur par le style sans faire illusion à son esprit. Fontenelle, esprit brillant, mais sans chaleur, qui écrivoit avec grâce des dissertations mathématiques, et avec froideur des pastorales; Fontenelle décida qu'il y avoit beaucoup d'imagination dans la philosophie de Malebranche, parce qu'il trouvoit beaucoup d'images dans son style, et il fit sur cette imagination, dont Malebranche se servoit *en se cachant d'elle*, cette jolie phrase que tout le monde connoît. Le plus sévère méditatif qu'il y ait jamais eu, qui ne met d'images que dans son style, qui pense le plus rationnellement, et s'élève par la seule intelligence aux vérités les plus générales, passa pour un homme à imagination, tandis que Locke et Condillac, qui, dans un style continuellement abstrait et sans figures, ne pensent qu'images de corps, organes dans l'homme, sensations et sens dans ses pensées, passèrent pour des hommes à conceptions. La vérité est précisément dans les assertions contraires. Descartes et Malebranche sont des hommes à conceptions; Locke et Condillac des hommes à *imaginations*, parce que l'imagination est en nous la faculté qui *image* ou imagine, et que l'on ne peut imaginer que des choses solides, des corps, des sens, des organes, et de là vient que l'imagination domine chez les artistes occupés de l'imitation des choses physiques. Au contraire, Descartes et Malebranche ne se sont trompés que lorsqu'ils ont voulu imaginer, l'un ses *tourbillons*, l'autre son *étendue intelligible* ; encore cette dernière opinion, qui met en Dieu le type des vérités générales de l'ordre physique, manque-t-elle plus de développement que de vérité. Si l'on vouloit comparer ces quatre esprits, on pourroit dire que Descartes et Malebranche avoient le génie qui généralise, et qui souvent se trompe dans les particularités ; et que Locke et Condillac avoient l'esprit qui particularise, et qui se trompe toujours quand il veut généraliser, et l'on peut assurer que même en métaphysique, un style continuellement sec et diffus, sans couleur et sans chaleur, où l'abstraction des mots est mise à la place de la généralité des idées, est l'expression infaillible d'un esprit indigent, et la preuve certaine d'un système mal conçu.

Mais si la solution de la question sur l'origine des idées, ne se trouve pas dans le système trop purement spiritualiste des *idées innées*, ni dans le système purement matérialiste des *sensations transformées*, ne pourroit-elle pas se trouver dans les deux systèmes à la fois? L'erreur sépare et la vérité réunit ; elle est rapport entre les objets, et si la vertu consiste à éviter tous les extrêmes, la vérité consiste à embrasser tous les rapports. C'est ce qui paroîtra évident à tout bon esprit, qui jugera qu'il y a dans les idées quelque chose de fondamental qui ne vient pas des sens, puisque nous avons tous sur beaucoup d'objets une pensée uniforme, avec des sens extrêmement variés en force et en perfection ; que nous pensons à ce que nous n'avons jamais perçu par les sens, comme lorsque nous pensons à la couleur en général, quoiqu'il n'y ait que de *sensible* que des couleurs particulières, que nous pensons le contraire de ce que nos sens nous rapportent, puisque nous redressons même par la pensée les erreurs de nos sens ; enfin, parce que nous pensons le général, et que nos sens ne nous rapportent que le particulier ; mais aussi, il y a dans la pensée son expression, parole ou image, qui vient par les sens, qui nous rend *sensible* notre pensée, et sans laquelle nous ne pourrions connoître nous-mêmes, ni faire connoître aux autres notre pensée ; expression qui nous est transmise par le sens de la vue, si elle est la figure d'un objet figurable ou une image, et par le sens de l'ouïe, si elle est parole, ou l'expression d'un objet intellectuel, *fides ex auditu.* Ainsi, ce qu'il y a de général, de fondamental dans l'idée et qui ne vient point des sens, est le même chez tous les peuples; ce qu'il y a de particulier et qui vient des sens, varie chez tous les peuples, c'est l'expression, au moyen de laquelle mille idiomes différens rendent une même pensée. Ainsi l'idée n'est point une *sensation transformée*, comme l'appelle Condillac; mais l'expression nécessaire et naturelle de notre idée est une sensation de la vue ou de l'ouïe *transformée* en image ou en parole, parce que l'homme, forcé de se servir du moyen ou du ministère de ses organes pour les opérations de son intelligence, pense par le ministère du cerveau, parle par le ministère de l'organe vocal, voit par le moyen de ses yeux, saisit par le ministère de ses mains, etc. etc. Et c'est cet assujettissement à des organes, dont l'imperfection retarde et entrave l'intelligence, qui fait le désespoir des hommes qui aiment la vérité et soupirent après sa possession.

La parole est donc, dans le commerce des pensées, ce que l'argent est dans le commerce des marchandises, expression réelle de valeurs, parce qu'elle est valeur elle-même. Et nos sophistes veulent en faire un signe de convention, à peu près comme le papier-monnoie, signe sans valeur, qui désigne tout ce qu'on veut, et qui n'exprime rien, qu'antant qu'il peut être à volonté échangé contre l'argent, expression réelle de toutes les valeurs.

Cependant il est extrêmement remarquable que les mêmes philosophes, qui, plaçant l'homme tout entier hors de lui-même, et dans ses sensations extérieures et ses organes matériels, devroient se borner à en étudier l'anatomie et à en disséquer le tissu, aient introduit cette doctrine idéologique, qui ne s'occupe que de *l'entendement*, et qui le décompose comme une substance chimique. La métaphysique ancienne étudioit Dieu et l'homme en eux-mêmes, et sans s'occuper assez de leurs rapports. L'idéologie moderne ne voit que l'homme et son pur intellect qu'elle place dans ses sensations; science incomplète dans son objet, et fausse dans sa méthode, qui conduit au matérialisme en doctrine, à l'égoïsme en morale, à l'isolement en politique; ne s'occupe que d'abstractions sans réalité et sans application, et dans laquelle l'homme, Narcisse d'une nouvelle espèce, étudiant son intelligence avec son intelligence, et pensant en quelque sorte sa pensée, ressemble à celui qui voudroit s'enlever sans prendre au dehors aucun point d'appui, ou qui s'efforceroit de voir son œil sans miroir, et de connoître son tact en lui-même et sans l'appliquer à un corps.

Il faut diviser sans doute lorsqu'on étudie le corps humain, substance complexe composée d'un nombre infini de parties et d'élémens; il faut réunir, généraliser, voir des rapports, lorsqu'on traite de l'être simple: et j'avoue que cette dissection de la faculté pensante, à laquelle on attache tant d'importance dans l'école de Locke et de Condillac, cette (1) décomposition en pensée,

---

(1) Un physiologiste allemand a récemment trouvé dans le cerveau la loge du courage, la loge de la sensibilité, la loge de la mémoire, la loge du jugement, etc.... Cette fois, nos physiologistes français ont trouvé qu'il alloit trop loin, et l'ont sérieusement réfuté.

perception, attention, compréhension, réflexions, etc. etc. etc., ces distinctions minutieuses entre des opérations indivisibles et instantanées, me paroissent aussi peu propres à apprendre *l'art de penser,* si penser étoit un art, que l'analise pédantesque des sons par le maître de langues de Molière à apprendre l'art de parler. Le principe de la liaison des idées dont Condillac fait tant de bruit, peut-il même être regardé comme une découverte, et recommandé comme un précepte? Penser est-il autre chose que *lier des idées?* N'y a-t-il pas une liaison dans nos idées même les plus involontaires, et jusque dans les rêves les plus fantastiques? Ce principe n'est-il pas puéril à force d'être vrai, et n'est-il pas aussi inutile pour former et diriger la pensée, qu'il le seroit de poser en principe, lorsqu'on veut apprendre à un enfant à marcher, que la marche est la liaison des mouvemens?

Il est temps de le dire, le but de la philosophie morale est moins d'apprendre aux hommes ce qu'ils ignorent, que de les faire convenir de ce qu'ils savent, et surtout de le leur faire pratiquer. Elle ne consiste pas à entretenir l'homme de lui-même, et des mystères impénétrables de sa propre intelligence pour en faire un idéologue arrêté à la contemplation de soi-même, et qui s'évanouit dans ses propres pensées; mais elle consiste à le rappeler sans cesse à la connoissance de ses rapports avec les êtres semblables, et à en faire un être moral ou social, une *personne*, une *personne* dans la famille, une *personne* dans l'Etat, une *personne* dans la religion, une *personne* pensante et parlante, dont il faut étudier la pensée dans la parole, et la volonté dans les actions. C'est, j'ose le dire, ce qu'on n'a pas encore fait, et sur quoi je ne me flatte pas moi-même d'avoir rempli toutes mes pensées.

Descartes prouva Dieu, et expliqua l'homme et ses passions; Malebranche fit un pas de plus sur la même route; il étudia leurs rapports, mais des rapports trop purement intellectuels, et les communications ineffables de la raison humaine avec l'éternelle raison. Leibnitz entrevit au delà, et connut la nécessité de la société extérieure de Dieu et des hommes; société qu'il appelle : « l'Etat le plus parfait » sous le plus parfait des monarques ». Ces systèmes, où tout est vérité, honorent l'intelligence humaine; mais parce qu'il n'y a pas toute la vérité, ils sont incomplets, et ne peuvent être appliqués dans le détail à la société, et ils montrent plutôt comment la société humaine est en Dieu, qu'ils ne montrent comment Dieu est présent à la société humaine, et la gouverne par les lois de l'ordre social.

En voilà assez sur la philosophie. Nous l'avons toute comprise sous trois systèmes généraux, auxquels toutes les opinions particulières se rapportent; système de la *cause*, doctrine de Dieu qui fut celle des Hébreux; système des *effets*, doctrine toute humaine qui fut l'objet de la philosophie païenne, et qui est encore l'objet exclusif de la philosophie moderne; doctrine du *moyen* ou médiateur; doctrine de Dieu et de l'homme; de la cause et de l'effet par la connoissance qu'elle donne du rapport qui les unit, et qui, mettant la rectitude dans les pensées de l'homme, a dirigé son intelligence dans la recherche de tout ce qui est fait pour lui et qui est mieux connu depuis le christianisme.

Nous allons nous occuper de la société à

laquelle toute philosophie, toute connoissance, toute doctrine se rapportent, et où tous les êtres se trouvent dans leurs rapports mutuels; société correspondante chez les divers peuples aux divers systèmes de leurs connoissances... société judaïque où l'on ne voit que Dieu et son empire souverain; société païenne où l'on ne voit que l'homme et sa corruption; société chrétienne où l'on voit ensemble et en rapport Dieu et l'homme, et la foiblesse relevée et mise sur le chemin de la perfection; société chrétienne meilleure que la société judaïque, parce que l'homme y est plus libre, meilleure surtout que la société païenne, parce que l'homme y est mieux réglé; doctrine des Hébreux, éducation de l'enfance; doctrine des chrétiens, institution de l'âge mûr; philosophie du commencement des *temps*, philosophie de la fin, et qui, considérées l'une et l'autre dans leur origine semblable, leur dépendance mutuelle et leur destination différente, sont véritablement *la législation primitive*...... considérée dans tous les états de la société... et à ses institutions fondamentales (1).

(1) Il n'y a d'institutions publiques que le minis-

II.

De la Société.

La législation a pris, chez tous les peuples, un caractère différent, et relatif à la diversité des doctrines.

Les Juifs qui ne voyoient dans l'univers que la cause suprême, la placèrent à la tête de la société, ou plutôt elle s'y plaça elle-même : « C'est par moi, dit-elle dans » les livres hébreux, que les rois règnent, » et les législateurs ne publient des lois justes » qu'en se conformant à mes volontés ». Non-seulement les Juifs virent en Dieu le souverain de leur société, mais ils virent en

---

tère public, et l'éducation qui y prépare. Les hôpitaux, institution à la fois religieuse et politique, n'ont pour objet que de soulager les maux personnels. Aujourd'hui l'on regarde l'opéra, les messageries, une fabrique, une école de musique ou de peinture comme des institutions publiques. Ce sont des établissemens purement particuliers, même quand l'autorité les sanctionne et les protège ; dont les uns sont utiles aux particuliers, les autres funestes à la société, et dont aucun n'est *nécessaire*.

lui leur chef immédiat ; et en même temps que l'État fut constitué par ses lois, la nation se crut gouvernée par ses ordres.

Chez les païens, la législation fut de l'homme : non que leurs plus anciens législateurs n'eussent retenu, et même placé en tête de leurs codes, le dogme fondamental de l'existence de la Divinité, et de l'honneur qui lui est dû; il falloit des milliers d'années et de grands progrès dans la philosophie humaine pour en venir à disputer à l'Être suprême une place dans le code constitutionnel d'un grand peuple, et à regarder comme une conquête d'avoir pu en *séculariser* la législation. Mais chez les Juifs, Dieu parloit de lui-même à l'homme et lui donnoit des lois : « Je suis le Seigneur ton Dieu..... ». Chez les païens, l'homme parla à l'homme de la Divinité, et lui imposa le culte des dieux comme une loi. Et certes, tout étoit de l'homme, et de l'homme seul, dans ces législations religieuses ou politiques, dont les philosophes grecs tentèrent la patience des peuples, ou amusèrent la crédulité.

La souveraineté de l'homme fut donc le dogme au moins pratique de la législation païenne. Si Numa supposa comme venues du ciel quelques pratiques de culte, la législation politique de Rome fut tout entière l'ouvrage discordant et compliqué de l'homme; et Cicéron en développe le principe dans ces paroles : *Populus romanus penes quem est potestas omnium rerum.* « Au peuple romain appartient le souverain » pouvoir sur toutes choses ».

Les chrétiens héritèrent des croyances politiques des Juifs, comme de leurs dogmes religieux. « Le pouvoir est de Dieu; obéissez » à ce qui est juste, non seulement par » crainte, mais encore par principe de » conscience ». Telles furent les premières maximes politiques que publia le plus profond interprète du christianisme, qui posa alors comme le fondement du droit public des nations chrétiennes, l'*obéissance active* pour le bien, et la *résistance passive* au mal.

En même temps que le christianisme éclaira les hommes sur la constitution du *pouvoir* et les devoirs des *sujets*, il leur apprit la nature et les fonctions du *ministère* social dans ces paroles qui n'avoient pas encore été entendues : « Que celui qui veut être le plus » grand entre les hommes ne soit que leur » *serviteur* ». Mot sublime devenu usuel dans les langues chrétiennes, où il a été appliqué au ministère politique comme au ministère religieux, puisque les fonctions les plus élevées s'y nomment un *service*, et que *juger* et *combattre* s'appellent *servir*.

La société vécut, pour ainsi dire, sur cette doctrine jusqu'au quinzième siècle, où les opinions de *Wiclef* et de Jean *Huss*, commentées par Luther, étendues par Calvin, et poussées aux plus extrêmes conséquences par nos philosophes, vinrent commencer en Europe cette sanglante tragédie qui dure encore, et dont la révolution présente est une *catastrophe*, et peut-être sera le dénouement.

Jusqu'à cette époque, les chrétiens avoient professé que *le pouvoir est de Dieu*, toujours respectable par conséquent, quelle que soit la bonté particulière de l'homme qui l'exerce, à qui on doit se soumettre quand il n'est que fâcheux, et opposer, s'il est injuste, un refus insurmontable d'obéir :

pouvoir

pouvoir légitime, non dans ce sens que l'homme qui l'exerce y soit nommé par un ordre visiblement émané de la Divinité, mais parce qu'il est constitué sur les lois naturelles et fondamentales de l'ordre social dont Dieu est l'auteur; lois contre lesquelles « tout ce qu'on fait, dit M. Bossuet, est nul » de soi », et auxquelles, en cas d'infraction, l'homme est ramené par la force irrésistible des événemens.

Wiclef, dans le pouvoir, ne vit que l'homme; il soutint que le pouvoir même politique n'est bon que lorsque l'homme qui l'exerce est bon lui-même, et qu'une femmelette *en état de grâce*, a plus de droit à gouverner qu'un prince déréglé : dès lors il attribuoit aux sujets le droit de censurer l'autorité publique, de la juger, et de s'élever contre elle par les armes. De là suivirent, comme des conséquences forcées, les doctrines *du pouvoir conventionnel* et *conditionnel* de T. Hobbes et de Locke; le *Contrat social*, de J.-J. Rousseau; la *Souveraineté populaire*, de Jurieu, etc. etc. Le pouvoir ne fut que de l'homme; il dut, pour être légitime, être constitué, et s'exercer suivant certaines conditions imposées par l'homme, ou certaines conventions faites entre les hommes, auxquelles il pût, en cas d'infraction, être ramené par la force de l'homme; car c'est là le fonds de toutes les opinions des publicistes du seizième siècle et des siècles suivans, développées alors et depuis, quelquefois modifiées, dans de nombreux écrits, et appuyées même de nos jours par de grands et terribles exemples.

Tel est cependant le désordre des idées que la sagesse n'ordonne pas, que de la même école qui professoit la légitimité de la *résistance active* aux volontés arbitraires de l'homme revêtu d'un pouvoir légitime, sortit la doctrine illimitée de l'*obéissance passive*. Cette doctrine, célèbre chez les Anglicans, fut non-seulement soutenue dans les écrits, mais mise en pratique avec une patience sans exemple chez les peuples chrétiens, à l'égard du tyran le plus cruel et le plus oppresseur qui ait déshonoré le pouvoir dans les temps modernes, de cet Henri VIII, « qui jamais ne refusa le sang d'un homme » à sa haine, ni l'honneur d'une femme à » ses désirs »; qui ne put maîtriser aucune de ses passions, et à qui les Anglais permirent de réformer leur foi.

C'étoit un étrange démenti donné à la doctrine de Wiclef, qui enseignoit que le pouvoir n'est respectable que lorsqu'il est entre les mains d'un homme vertueux, que de voir un peuple entier en souffrir, de la part d'un monstre de cruauté et d'impudicité, l'abus le plus révoltant.

Encore aujourd'hui, dans l'ouvrage de politique le plus récemment sorti de l'école anglicane, les *Traités de Législation*, de M. *Jérémie Bentham*, jurisconsulte anglais, publié en français, cette année, par M. *Et. Dumont*, de Genève, on lit, « qu'il » faut toujours reconnoître en politique une » autorité supérieure à toutes les autres, » qui ne reçoit pas la loi, mais qui la donne, » et qui *demeure maîtresse des règles même* » *qu'elle s'impose* dans sa manière d'agir » : maxime fausse et servile qu'une philosophie éclairée ne pourroit appliquer à Dieu lui-même, dont la volonté est réglée par les lois immuables de l'éternelle raison ; mais maxime, après tout, qui n'est, à l'examiner de près, que celle de Jurieu, présentée d'une manière plus générale : « Que le peuple est » la seule autorité qui n'ait pas besoin d'a» voir raison pour valider ses actes politi» ques (1) ». Combien ces doctrines abjectes sont éloignées de la doctrine généreuse de M. Bossuet, lorsqu'il dit : « Que le pouvoir » le plus absolu est réglé par des lois fonda» mentales qui réclament sans cesse, et con» tre lesquelles tout ce qu'on fait est nul de » soi » .... Et ailleurs : « On peut dire que » Dieu lui-même *a besoin d'avoir raison* ».

Ainsi, et c'est le résultat de tout ce qu'on vient de lire, la doctrine de l'Eglise chrétienne sur le pouvoir, enseigne l'obéissance active et la résistance passive; et les doctrines philosophiques enseignent l'obéissance

---

(1) Les Etats d'Europe, où le pouvoir du prince est le moins réglé par des lois fondamentales, sont les Etats réformés; ce sont les princes protestans d'Allemagne qui donnent l'exemple de l'usage le plus étendu de l'autorité, pour ne pas dire le plus excessif, l'usage de trafiquer de leurs sujets avec des puissances étrangères; et même en France, combien de partisans de la *liberté* ont professé *l'obéissance passive* à tout ce qui portoit le nom de *loi!*

passive et la résistance active, et elles placent l'homme perpétuellement entre la servitude et l'insurrection.

L'étude du droit public et des constitutions des Etats commença en Europe avec les nouvelles doctrines sur la société. Ce fut sous le règne de Sigismond de Luxembourg, empereur d'Allemagne, et sous ses auspices, qu'on vit paroître les premières lueurs de la politique (1). Mais parmi les écrivains qui voulurent s'opposer à ce torrent d'érudites erreurs, les uns, par ignorance indifférens sur la politique, se contentèrent de combattre en faveur de l'autorité religieuse que les novateurs attaquoient plus directement; les autres s'attachèrent à défendre les gouvernemens, quels qu'ils fussent, et par la seule raison de la *possession*; et ils repoussèrent les atteintes portées à l'autorité des chefs, plutôt que les coups dirigés contre la constitution naturelle des Etats. M. Bossuet

---

(1) Wiclef étoit mort en 1384. J. Huss commença à dogmatiser en 1407. Sigismond fut élu empereur en 1410. Luther naquit cent ans après la mort de Wiclef.

lui-même, dans ses *Avertissemens*, s'éleva avec force contre la souveraineté populaire et le pouvoir conditionnel, dont il démontra l'absurdité; mais il n'entra pas dans la discussion des lois constitutives de la société, qu'il supposa bonnes, ou du moins suffisantes, lorsqu'elles sont reconnues: il soutint que l'*unité de pouvoir* est une loi bonne et sage; mais il ne fut pas jusqu'à dire qu'elle est la seule bonne loi, c'est-à-dire, la loi naturelle des sociétés, et content de repousser l'ennemi, il ne le poursuivit pas sur son propre terrain, et il respecta le gouvernement populaire partout où le peuple étoit ou plutôt se croyoit en possession du *pouvoir*. L'heure de discuter les titres du peuple n'étoit pas encore venue. La vérité ne se développe jamais qu'au besoin; c'est le temps, et non l'homme, qui la découvre, et il n'est devenu indispensable de prouver que l'unité de pouvoir est la loi naturelle des sociétés, que lorsqu'on a avancé que la démocratie en est la condition essentielle et primitive, et que toute autre constitution est un attentat à la liberté de l'homme, et une offense à sa dignité.

Cependant M. Bossuet, le meilleur esprit dans la science de la société qui eût paru jusqu'alors, sentoit le faux et le foible des institutions populaires. Dans son éloquent *Discours sur l'Histoire universelle*, après avoir parlé avec quelque détail des institutions politiques des Grecs, il ajoute : « Il n'est » pas question d'examiner si ces idées sont » aussi solides que spécieuses : enfin, la Grèce » en étoit charmée ». Ce qui prouve que ces idées ne charmoient pas l'excellent jugement de ce grand homme, et qu'il les trouvoit plus *spécieuses* que *solides*.

Leibnitz lui-même, la lumière du nord, et le Platon de l'Allemagne, quoique né dans le sein de la réforme, ne partageoit pas plus ses opinions politiques qu'il n'approuvoit au fond ses opinions religieuses (1). Il n'avoit pas une haute estime pour le volumi-

(1) Les ministres luthériens lui reprochoient un défaut d'assiduité à leurs prédications ; et rimant avec son nom *Leibnitz*, ils disoient en allemand : *er glaub nichts*, « il ne croit rien ». On sait qu'il a voulu réunir les luthériens aux catholiques, et qu'il y a travaillé avec M. Bossuet.

neux Pufendorff, et ce publiciste, dont on a fait, faute de mieux, un auteur classique, ne remplissoit pas l'idée que Leibnitz, dans ses vastes études et ses profondes méditations, s'étoit formée de la science de la société, et des lois qui la gouvernent. « J'ai remarqué », dit-il dans une lettre anonyme, publiée à la fin de l'ouvrage de Pufendorff, *sur les devoirs de l'homme et du citoyen*; « j'ai re-
» marqué de grands défauts dans les prin-
» cipes de Samuel Pufendorff........ Cet au-
» teur pénètre rarement jusqu'au fond de la
» matière, et ce qu'il dit sur l'origine des
» vérités morales, qu'il soutient arbitraires,
» est très-faux ». « Il paroît, continue-t-il,
» par ce que nous avons dit, combien il im-
» porte à la jeunesse, et même à l'Etat,
» d'établir de meilleurs principes de la
» science du droit que ceux que donne cet
» auteur ». Et il va jusqu'à dire : « Il est
» très-étonnant qu'un sujet aussi commun
» que la nature de la souveraineté, n'ait
» presque été touché par personne : mais la
» raison en est, (ces paroles sont remarqua-
» bles) que la plupart des écrivains sont tra-
» vaillés d'une maladie qui, leur *étant tout*

» *goût pour le moderne*, fait *qu'ils ne sont* » *curieux que de l'antiquité.* Aussi quand » ils parlent du droit public et du droit des » gens, ils disent quelquefois des choses pi- » toyables... On apprendra plus dans un re- » cueil de gazettes de dix années, que dans » cent auteurs classiques ».

Les connoissances politiques n'avoient pas pris dans notre siècle une meilleure direction; et nos philosophes, héritiers immédiats de toutes les erreurs qui avoient précédé, s'étoient empressés d'accueillir et de propager des maximes favorables à la licence de tout penser, de tout dire et de tout faire. Deux hommes que leurs con[illegible]porains ont nommé des hommes de g[illegible], parce qu'ils ont jugé leurs écrits sur leur style, et leur doctrine sur le bruit qu'elle a fait; mais que la postérité, qui juge les écrits par leurs résultats et les opinions par les événemens, appellera des hommes de beaucoup d'esprit (car on erre avec esprit, et non avec génie) (1) : Montesquieu

(1) J'entends en morale, car ce n'est proprement que là qu'est la vérité. Il n'y a au fond ni erreur, ni

et Jean-Jacques Rousseau écrivirent tous deux sur la politique avec un succès égal, parce que les talens étoient semblables, et que les intentions n'étoient pas très-différentes. Tous deux admirent comme base de la science de la société, ou du moins établirent dès l'entrée la bonté *native* de l'homme, et un prétendu état humain *de pure nature* (1) antérieur à la société, et meilleur que la société. « L'homme est né » bon, dit J.-J. Rousseau, et la société le » déprave.... Tout ce qui n'est pas dans la » nature a des inconvéniens, et *la société* » *civile plus que tout le reste* ». « Dans » l'état de *pure nature*, dit Montesquieu, » les hommes ne chercheroient pas à s'atta- » quer, et la paix seroit leur première loi » naturelle (2) ». M. de Montesquieu, par-

---

vérité dans les systèmes physiques, parce qu'il n'y a ni bien, ni mal, et qu'un siècle détruit trop souvent les opinions d'un autre siècle. La société marche avec les tourbillons de Descartes, comme avec l'attraction de son rival. Mais en morale, et dans la science de la société, là où cesse la v[illegible] naît le désordre.

(1) C'est le paradis terrestre des philosophes.

(2) La paix est un état, et non une loi.

tisan de l'unité de pouvoir par état et par préjugé, et du gouvernement populaire par affection philosophique ; favorable aux sociétés *unitaires* par ses aveux, et aux sociétés opposées par ses principes, sans plan et sans système, écrivit *l'Esprit des Lois* avec le même esprit, et, dans quelques endroits, avec la même manière qu'il avoit écrit *les Lettres Persannes* ; et cherchant sans cesse l'esprit de ce qui est, et jamais la règle de ce qui doit être, il trouva la raison des lois les plus contradictoires, et même des lois qui sont contre toute raison. L'auteur du *Contrat social*, dans la société ne vit que l'individu, et dans l'Europe ne vit que Genève ; il confondit dans l'homme la domination avec la liberté, dans la société, la turbulence avec la force, l'agitation avec le mouvement, l'inquiétude avec l'indépendance ; et il voulut réduire en théorie le gouvernement populaire, c'est-à-dire, fixer l'inconstance et *ordonner* le désordre. L'instruction politique de la génération présente fut toute renfermée dans ces deux ouvrages : l'un, conséquent à ses principes, appelant tout le monde à la domination, est fait pour séduire des hommes orgueilleux et avides de pouvoir ; l'autre, heureusement inconséquent, rachetant l'erreur des principes par de grandes vérités dans les détails, et fait pour en imposer à des esprits inattentifs et à des cœurs honnêtes ; l'un et l'autre soutenus par un style qui éblouit par son éclat, ou qui étonne par sa précision, accrédités par des noms fameux, et ce qui est plus décisif, appuyés par un parti puissant. *L'Esprit des Lois* fut l'oracle des philosophes du grand monde, *le Contrat social* fut l'évangile des philosophes de collége ou de comptoir ; et comme les écoles tiennent toujours quelque chose du tour d'esprit et du caractère de leurs fondateurs, les adeptes de J.-J. Rousseau, tranchans comme leur maître, attaquèrent à force ouverte les principes de l'ordre social, que les partisans de Montesquieu ne défendirent qu'avec la foiblesse et l'irrésolution que donnent une doctrine équivoque, et un maître timide et indécis.

C'étoit assez, c'étoit même trop de théorie ; il étoit temps que l'Europe fît un cours pratique de gouvernement populaire ; et la France, destinée à être un exemple pour les autres nations, quand elle renonce à en être le modèle, fut choisie pour cette terrible expérience.

Elle n'a pas été favorable aux partisans des principes populaires; et leurs assertions précipitées et fastueuses sur la force et la durée des Etats populaires, surtout des Etats fédératifs, sur la liberté dont on y jouit, sur les vertus qui en sont le principe et qui s'y développent, ont été cruellement démenties par des événemens trop publics et trop récens, pour qu'il soit nécessaire d'en retracer ici l'ineffaçable souvenir (1).

---

(1) Les événemens ont éclairé même les philosophes sur le vice des théories populaires; et dans l'ouvrage de M. Bentham, que nous avons cité tout à l'heure, la doctrine du pouvoir conventionnel et conditionnel de *Hobbes* et de *Locke*, le *Contrat social* de J.-J. Rousseau, sont appelés « de pures fictions » qui n'existent que dans l'imagination de leurs au» teurs, des jouets qu'il faut laisser à des enfans ». Il ôte même à l'homme sa bonté native que J.-J. Rousseau lui attribue, et il avance que l'homme antérieurement à la *société seroit sans lois, sans obligations, sans délits, sans droits*, etc.... L'auteur va plus loin encore : il nie toute autre loi naturelle que celle du

L'erreur de ces écrivains politiques vient de la même cause que celle qui a égaré les inventeurs de tant de systèmes physiques. Ils se sont hâtés de faire des théories avant que le temps leur eût révélé un assez grand nombre de faits, et des faits assez décisifs : il a surtout manqué à leur instruction, le plus décisif de tous les événemens, la révolution françoise, réservée, ce semble, pour la dernière instruction de l'univers. Mais aujourd'hui que nous avons vu la nation la plus forte et la plus éclairée du globe, tomber, dans sa constitution politique, de l'unité de pouvoir le plus concentré, dans la démagogie la plus effrénée et la plus abjecte; et, dans sa constitution religieuse, du théisme le plus parfait à l'idolâtrie la plus infâme: aujourd'hui que nous avons vu cette même nation revenir, dans son état politique, de cette étonnante dissipation de pouvoir à un usage plus sobre et mieux réglé de l'autorité; et, dans son état religieux, passer de l'absence de

---

plaisir et de la douleur; et en général, il est moins heureux à édifier qu'à détruire.

tout culte, au respect et bientôt à la pratique de son ancienne religion ; tous les accidens de la société sont connus ; le *tour du monde* social est fait ; nous avons voyagé sous les deux pôles ; il ne reste plus de terres à découvrir, et le moment est venu d'offrir à l'homme la carte de l'univers moral, et la théorie de la société.

Mais qu'est-ce que la société ? La société, dans un sens général ou métaphysique, est *la réunion des êtres semblables pour la fin de leur reproduction et de leur conservation ;* et cette définition, qui ne paroît d'abord convenir qu'à la société des corps, s'applique également à la société morale ou des esprits, parce que leur production est l'instruction, et leur conservation la connoissance de la vérité ou la raison. Mais la société, dans un sens plus restreint et mieux approprié au sujet particulier que nous traitons, est le rapport des personnes sociales entre elles, c'est-à-dire, le rapport du *pouvoir* et du *ministre*, pour le bien et l'avantage des *sujets*.

Cette définition est vraie de la société domestique, où l'union du père et de la mère se rapporte à la reproduction et à la conservation des enfans. Cette définition est vraie de la société religieuse, où les rapports de la Divinité et de ses ministres ont pour objet la perfection et le salut des hommes. Cette définition est vraie de la société politique, où le service public que les officiers civils et militaires doivent au chef de l'Etat, a pour unique objet l'ordre public, fondement du bonheur des peuples et de la prospérité des Empires.

Il y a donc trois *personnes* dans toute société ; le chef ou le pouvoir, les *officiers* ou ministère, et les sujets ou le peuple ; la réunion de ces trois *personnes* s'appelle la société, et ces personnes sont domestiques ou publiques, religieuses ou politiques, comme la société. Le lecteur qui lira avec quelque attention la première partie de cet ouvrage, remarquera que ces trois modes d'existence des êtres dans la société, se lient d'un côté à l'ordre le plus général de l'univers, où nous retrouvons tous les êtres et leurs rapports, compris sous ces trois idées générales, et les plus générales possible, de *cause*, de *moyen* et d'*effet*, qui ont entre elles les mêmes relations

lations que *pouvoir*, *ministre* et *sujet*; et de l'autre, qu'ils se lient au système particulier, intellectuel et corporel de l'homme, qui est une *intelligence* ou *volonté*, servie par des *organes*, pour agir sur un *objet*; *intelligence*, *organes*, *objet*, qui ont entre eux les mêmes rapports que *pouvoir*, *ministre* et *sujet* dans la société, que *cause*, *moyen*, *effet* dans l'univers.

Ces trois personnes sont séparables l'une de l'autre, c'est-à-dire, amovibles, ou elles sont fixes et indissolubles; elles sont amovibles dans la famille par la faculté du divorce; amovibles dans la religion par le presbytéranisme, qui n'imprime aucun caractère de consécration à ses ministres; amovibles dans l'Etat par les institutions populaires, qui font du pouvoir et du ministère des fonctions perpétuellement révocables et éligibles. Elles sont, au contraire, fixes et inamovibles dans la famille, par l'indissolubilité du lien conjugal; dans la religion, par la consécration qui lie irrévocablement le ministre à la Divinité et au fidèle, et par conséquent les lie entre eux; dans l'Etat, par la fixité ou l'hérédité du ministère politique. Là seulement est la raison de tous les phénomènes que présentent les sociétés anciennes et modernes. Plus il y a d'amovibilité dans les rapports des personnes entre elles, plus il y a d'instabilité, de désordre, de foiblesse dans la société; plus il y a de fixité dans les rapports, plus il y a de force, de raison et de durée. Ainsi les sociétés les plus fortes de l'antiquité ont été la société égyptienne, la société hébraïque et la société romaine, où le ministère politique, patriciat chez les Romains, ministère lévitique chez les Juifs, guerriers chez les Egyptiens, étoit fixe, héréditaire et propriétaire. Ainsi les sociétés les plus foibles, les plus désordonnées de l'antiquité, ont été les empires despotiques de l'Asie, et les Etats populaires de la Grèce, où il régnoit une perpétuelle mobilité dans le pouvoir et ses fonctions; et remarquez qu'il n'y a eu en Grèce de force réelle que chez les Spartiates et les Macédoniens, où il y avoit plus de fixité dans les fonctions, et même quelque hérédité dans les personnes.

Ainsi les sociétés les plus fortes des temps modernes, sont celles où se trouve la fixité des personnes, comme dans les monarchies chrétiennes et chez le Tartare, société à son second âge, et qui a son *Khan* et ses *Mirzas*, comme le Germain de Tacite, auquel il ressemble, avoit, sous d'autres noms, ses chefs et leurs compagnons. Ainsi les sociétés les plus foibles des temps modernes, sont celles où l'on retrouve l'amovibilité dans les personnes, la Pologne, la Turquie, la Chine, et les Etats populaires de Suisse et de Hollande, etc.

Rien ne prouve la vérité de ces principes, comme de voir la Pologne, où le pouvoir étoit électif et le ministère héréditaire; et la Turquie, où, comme à la Chine, le pouvoir est héréditaire et le ministère électif, tombés, l'une et l'autre, dans la même foiblesse et les mêmes désordres, par une cause en apparence opposée, et malgré la prodigieuse différence de leurs institutions domestiques, civiles et religieuses.

Lorsque le ministère ou la magistrature s'empare du pouvoir et l'exerce en corps, comme en Pologne, à Berne, en Suède, à Venise, ce ministère ne *sert* pas, il gouverne; il n'est plus *ministère*, il est *pouvoir*;

et sous cette forme il se nomme *patriciat*, et l'État, toujours populaire, reçoit différens noms, selon les différentes formes du pouvoir; aristocratique si les patriciens sont héréditaires, et oligarchique s'ils sont en petit nombre; démocratique si les patriciens sont électifs, et démagogique si tous ou la plus grande partie des citoyens est appelée au pouvoir; car même dans la démocratie la plus illimitée, il y a des conditions d'âge, de sexe, d'état et de propriété, qui restreignent la capacité du pouvoir. Ainsi le patriciat existe partout où plusieurs citoyens, quel que soit leur nombre, leur naissance, leur fortune, leur profession habituelle, ont, par les institutions politiques, le pouvoir le plus éminent de tous, le pouvoir par excellence, celui de faire la loi, soit qu'ils l'exercent temporairement, viagèrement ou héréditairement. C'est ce que J.-J. Rousseau observe avec beaucoup de sagacité. « Il est » certain qu'ôtant l'extrême disparité des » deux républiques, la bourgeoisie de Ge» nève représente exactement le patriciat » Vénitien: abstraction faite de la grandeur, » son gouvernement n'est pas plus aristocra-

» tique que le nôtre ». Il y a donc aujourd'hui en France un véritable patriciat électif ; mais il n'y a pas de noblesse, parce qu'à la place d'une classe destinée exclusivement à servir, il y a une classe exclusivement destinée à régir ou à faire des lois.

Comme les sociétés sont semblables dans leur constitution, elles sont semblables dans leurs accidens ; et l'on peut regarder comme un axiome de la science de la société, axiome dont l'histoire offre une continuelle application, que les Etats populaires, les religions presbytériennes, et les familles dissolubles par le divorce, se retrouvent généralement chez les mêmes peuples, et quelquefois malgré des apparences contraires ; comme le lien indissoluble, ou l'inamovibilité des personnes dans l'Etat, dans la religion, dans la famille, s'aperçoit généralement dans les mêmes sociétés.

Mais les effets de ces lois générales des sociétés ne peuvent être aperçus que dans les Etats dont aucune force extérieure ne comprime l'action intérieure, qui ont en eux-mêmes le principe de leur indépendance, et qui ne demandent pas à leurs voisins la garantie de leurs propres lois. Ainsi l'on ne peut apercevoir l'effet des lois morales que chez un homme qui a son franc arbitre.

Ce seroit une autre erreur de vouloir assigner avec la précision d'un chronologiste un commencement à certaines lois, même fondamentales, que l'on voit en usage dans la société. Les mauvaises lois commencent, mais les bonnes, émanées du bien suprême, sont éternelles comme lui. A quelque instant que les hommes les écrivent, elles viennent toujours de plus loin, et comme l'homme lui-même, elles étoient avant de naître.

Ainsi en France, le ministère, d'abord électif, ou amovible comme le pouvoir, sous la première race, ou même la seconde, est devenu héréditaire, et propriétaire sous la dernière race, et avec le pouvoir lui-même. Mais cette observation n'est vraie que généralement, et les exceptions qu'on peut y trouver, et que certains esprits saisissent toujours beaucoup mieux que les vérités générales, ne sauroient en affoiblir la force. Il est vrai que généralement le pouvoir n'a été définitivement héréditaire, et le ministère généralement fixe et propriétaire, que depuis la fin de la seconde race, quoiqu'avant cette époque il y eût des familles distinguées par leurs richesses, et la considération dont elles jouissoient, et des princes qui avoient succédé à leurs pères. C'est ici le lieu d'appliquer ce passage remarquable du président Henault : « On veut, dit-il, » que l'on vous dise que telle année, à tel » jour, il y eut un édit pour rendre, par » exemple, vénales les charges qui étoient » électives. Or, il n'en va pas ainsi de tous » les changemens qui sont arrivés par rap- » port aux mœurs, aux usages, à la disci- » pline; des circonstances ont précédé, les » faits particuliers se sont multipliés, et ont » donné par succession de temps naissance » à la loi générale sous laquelle on a vécu ».

Mais la nature ou l'ensemble des lois générales de la reproduction et de la conservation des êtres, tend nécessairement à les placer dans l'Etat le plus fort, c'est-à-dire, le plus fixe et le plus durable, celui où les êtres font effort pour arriver ou pour revenir. L'état d'amovibilité ou d'instabilité est donc pour les êtres un état de *passage*. Il est par conséquent un état de foiblesse, d'inquiétude et de trouble : c'est pour la société, comme pour l'homme, l'enfance, qui prépare et qui conduit à la virilité. Les sociétés où il n'y aura que peu ou point de fixité dans les personnes, seront donc dans un état de foiblesse, tant qu'elles ne seront pas encore parvenues à l'état fixe ; ou dans un état de désordre, si elles s'en sont écartées, et qu'elles travaillent à y revenir. De là la foiblesse et le désordre de certains gouvernemens et de certaines religions anciennes ou modernes ; de là la force toujours croissante et la durée indestructible de quelques autres ; de là enfin des principes sûrs pour juger l'état passé et présent des sociétés, et conjecturer leur état futur.

Ce fut avec ces principes et avec ces données, que l'auteur de cet écrit entreprit de traiter de *la Théorie du pouvoir politique et religieux dans la société civile*. Cet ouvrage se ressentit moins peut-être des tâtonnemens inséparables de toute théorie nouvelle, que des circonstances pénibles au milieu desquelles il fut composé. Les événemens politiques ne tardèrent pas à justifier les conjectures de l'auteur. Il y annonçoit (dès 1794) les malheurs dont la politique évasive de quelques cantons ne garantiroit pas la Suisse, et la foiblesse réelle de cette société, malgré la réputation de force que quelques antiques faits d'armes et les philosophes modernes lui avoient faite; le peu de fond que les Provinces-Unies devoient faire sur leur puissance, même fédérative; l'inconsidération où Venise étoit tombée, et le danger qui pouvoit la suivre; les changemens prochains et inévitables dans la constitution germanique; les embarras intérieurs de l'Angleterre, que la paix ne fera peut-être qu'accroître; la chute dont la Turquie est menacée; le principe de discorde que les Etats-Unis portent dans leur sein, et dont les symptômes se sont déjà manifestés; la séparation des Pays-Bas de la maison d'Autriche, et jusqu'à l'accroissement probable de la puissance qui se trouve à l'entrée de l'Italie, et qu'on appeloit alors le roi de Sardaigne. L'auteur, en 1794, osoit ne pas *désespérer de la France;* il découvroit dans son antique constitution un principe de restauration, et dans les circonstances de sa position, une raison d'accroissement, même dans le nouveau continent, et déjà il a été question de lui rendre la Louisiane : ces mêmes principes appliqués aux sociétés religieuses, donnoient lieu à des conjectures semblables sur la force indestructible des croyances religieuses qu'on a voulu détruire, et la foiblesse des opinions soi-disant religieuses, qu'on a voulu établir. Cet ouvrage qui traite, non-seulement de la constitution des sociétés, mais de l'administration des Etats, obtint des suffrages honorables, malgré ses nombreuses imperfections; mais il fut proscrit par l'inquisition directoriale, et très-peu d'exemplaires échappèrent à ses recherches.

Ces mêmes principes ont été reproduits sous une forme abrégée, et trop abrégée peut-être, et dégagés de toute application historique dans un *Essai analitique sur les lois naturelles de l'ordre social*; et plus récemment encore, quoique plus brièvement, dans l'application que l'auteur en a faite à la question la plus fondamentale de la société, la question du divorce, dans l'ouvrage qui a pour titre : *Le Divorce, considéré au dix-neuvième siècle relativement à l'état domestique et à l'état public de société* (1).

Après avoir fait *la Théorie du pouvoir*, il étoit dans l'ordre des idées et des vérités de traiter des lois et du *ministère public* considérés en général, et c'est l'objet spécial de la première et de la seconde partie de cet ouvrage, celles auxquelles se rapportent la troisième, qui a un rapport immédiat aux deux premières, et la quatrième, qui est relative à toutes les autres.

Le pouvoir est l'être qui *veut* et qui *agit* pour la conservation de la société. Sa volonté s'appelle *loi*, et son action *gouvernement*. Il veut par lui-même, il agit par ses ministres, qui servent (*ministrant*) à éclairer la volonté du pouvoir, à exécuter l'action envers le sujet pour l'avantage général, qui doit être le terme de la volonté du pouvoir, et du service du ministère.

Ainsi le ministère, dans la société, est le coopérateur subordonné, mais naturel et nécessaire, du pouvoir, et c'est dans l'état

(1) Chez Le Clerc, libraire, quai des Augustins, et Lenormant, rue des Prêtres-Saint-Germain.

politique, dont il est ici question plus particulièrement, ce qu'on a appelé de nos jours *fonctionnaires publics*, civils ou militaires.

Ces ministres sont les exécuteurs de *l'action* du pouvoir; et de là vient que sous les premières races, les commissions qui conféroient des offices publics, portoient : *Tibi actionem ad agendum regendumque committimus.*

L'action suprême du pouvoir consiste à porter la loi, et à la faire exécuter, parce que le pouvoir suprême est essentiellement *justice* et *force*. L'action subordonnée du ministre consiste à *juger* et à *combattre*, à connoître la loi, et à la faire observer par ceux qui, au dedans et au dehors de la société, voudroient troubler l'ordre social (1).

Ainsi, *juger* et *combattre* sont les fonc-

(1) Le pouvoir est plus considéré à mesure qu'il a plus de ministres ou de pouvoirs subordonnés. Ainsi le colonel est supérieur à tous les officiers d'un régiment; le capitaine à tous ceux d'une compagnie; le lieutenant et le sous-lieutenant à leurs sous-officiers; le sergent au caporal : celui-ci n'a plus de ministre, et il est, pour cette raison, le moins considéré de tous.

tions naturelles et essentielles du ministère public, politique, et même religieux; car le ministère religieux, milice spirituelle, juge et combat, et le ministère politique, milice séculière, est aussi institué pour *juger* et pour *combattre*.

On voit tout de suite la raison pour laquelle il étoit défendu en France, au moins par l'opinion, à certaines personnes, de se livrer à des professions mercantiles, ou de contracter des engagemens pécuniaires qui les soumissent à la contrainte personnelle : des personnes *engagées*, âme et corps, au service exclusif de la société, ne pouvoient disposer de leurs facultés intellectuelles pour leur utilité personnelle, de leur corps pour des engagemens particuliers, ni même quelquefois de leurs biens, que des substitutions domestiques, ou la loi générale de l'inaliénabilité, conservoient dans les familles et dans les corps.

En voilà assez sur cet ouvrage. Il ne me reste plus que quelques réflexions à faire sur la seconde partie. 1°. L'institution du ministère public, qu'on appeloit *noblesse*, n'est en elle-même, ni une décoration pour l'Etat, ni un lustre pour l'individu. Ces figures oratoires peuvent embellir une harangue, mais elles ne rendent pas raison de cette institution. La décoration de l'Etat est sa force, et le lustre de l'homme, sa vertu. Il n'y auroit jamais eu de *noblesse* dans aucun Etat chrétien ou civilisé, les seuls où l'homme ait des idées justes du pouvoir et des devoirs, si elle n'eût été qu'une décoration; et elle n'auroit pas été, parce qu'elle n'auroit rien été. La noblesse est une fonction générale, et le séminaire des fonctions spéciales. Elle est un devoir; et loin qu'elle fût, même en France, le patrimoine exclusif de quelques familles, elle étoit l'objet et le terme des efforts de toutes les familles, qui toutes devoient tendre à s'anoblir, c'est-à-dire, à passer de l'état privé à l'état public, parce qu'il est raisonnable, et même chrétien, de passer d'un état où l'on n'est occupé qu'à travailler pour soi, à un état où, débarrassé du soin d'acquérir une fortune, puisqu'on la suppose faite, l'homme est destiné à *servir* les autres en servant l'Etat. Une famille, en France, sortie de l'état d'enfance, et de ce temps où elle dépend des autres familles pour ses premiers besoins, se proposoit l'anoblissement pour but ultérieur à ses progrès. Une fois qu'elle y étoit parvenue, elle s'y fixoit. L'individu, sans doute, pouvoit avancer en grade, de lieutenant devenir maréchal de France, et de conseiller devenir chancelier; mais ces grades, s'ils n'étoient pas égaux, étoient semblables; les fonctions, pour être plus étendues, n'étoient pas différentes; la famille ne pouvoit en recevoir un autre caractère, et une fois reçu, elle ne pouvoit le perdre que par forfaiture. Dans les gouvernemens populaires, une famille ne peut aspirer qu'à s'enrichir, et à s'enrichir davantage, même lorsqu'elle est opulente. Jamais elle ne reçoit de caractère qui la dévoue spécialement au service de l'Etat, et même les fonctions publiques auxquelles le citoyen riche est passagèrement élevé, ne sont souvent qu'un moyen pour la famille de spéculer avec plus d'avantage pour sa fortune. On n'est pas capable de rapprocher deux idées, lorsqu'on ne sent pas l'extrême différence qui doit résulter pour le caractère d'un peuple, et les sentimens qui sont la force ou la foiblesse des nations, de cette disparité totale dans leurs institutions.

Un commerçant peut faire un excellent juge, et un artisan un très-bon soldat; mais la profession du commerce n'en est pas moins incompatible avec la profession de la magistrature, et la pratique des arts mécaniques avec le métier de soldat.

2°. On ne règle un peuple que par l'exemple de quelques-uns, qui sont dans la société ce que les grenadiers sont dans un corps militaire, et les corps d'élite dans une armée. Or, on peut régler quelques citoyens, les soumettre, et beaucoup plus aisément qu'on ne pense, à des lois particulières. Nous en avons la preuve sous nos yeux dans les corps militaires, où tout est réglé, jusqu'aux plus petits détails, avec une précision rigoureuse; *et l'on doit tout régler chez les hommes qui doivent être la règle de tous*. 3°. Rien n'est impossible de ce qui a été pratiqué; tout est possible, lorsque tout est à faire; et lorsqu'il s'agit d'institutions nécessaires à la société, ce que les hommes ne veulent pas, et souvent ne peuvent pas faire avec des réglemens, le conservateur suprême de la société le le fait avec des événemens, dont l'irrésistible ascendant courbe les hommes et leurs passions sous la loi de fer de la nécessité.

Nous avons cherché à connoître les principes et les lois de l'ordre qui constitue les sociétés; nous allons examiner la cause et la marche du désordre qui les renverse.

Lorsqu'une société religieuse ou politique, détournée de la constitution naturelle des sociétés, a comblé la mesure de l'erreur et de la licence, les fonctions naturelles du corps social se troublent et cessent, les rapports naturels des personnes entre elles font place à des rapports arbitraires, le *pouvoir* conservateur de la société se change en une tyrannie foible ou violente, la subordination et le service du *ministre* en une servitude aveugle ou intéressée, l'obéissance du *sujet* en un esclavage vil ou séditieux (1).

(1) Les hommes ne peuvent exister ensemble, dans la même société, sans être entre eux dans des rapports quelconques. Ces rapports, vrais ou faux, sont extérieurement les mêmes : toujours les uns commandent et les autres obéissent; mais leur résultat est inverse : ce sont exactement les quantités *positives* et *négatives* de l'analise.

Cet état, appelé *désordre*, est toujours passager, quelque prolongé d'ailleurs qu'il puisse être, parce qu'il est contre la nature des êtres, et que *l'ordre est la loi inviolable* (ou plutôt essentielle) *des êtres intelligens* (1).

Une société tombée dans cet état, fait donc nécessairement effort pour en sortir; l'action (si elle mérite ce nom) qui l'a écartée de l'ordre a été lente et presque insensible; l'action qui l'y ramène, ou qui la dispose à y revenir, tôt ou tard, est pressée et violente, et ressemble à une tempête.

Une société trop foiblement constituée pour se tirer par ses propres forces du désordre où elle est tombée, finit confondue avec d'autres sociétés, et rentre ainsi dans un état de société qui n'est pas le sien. Le paganisme, dans l'Empire romain, périt envahi par le christianisme; l'Empire romain lui-même périt démembré par les peuples du Nord; et cette société à jamais fameuse, qui avoit triomphé de la puissance des monarques de l'Orient, ne put résister à la constitution que

---

(1) Malebranche.

les Germains tenoient de la nature, *quippè*, dit Tacite, *regno Arsacis acrior est Germanorum libertas*. Dans la société religieuse, les sectes ou sociétés particulières séparées de la société générale, après avoir vécu dans le trouble et la guerre, ont fini par disparoître et se confondre dans la grande société : et la société politique de Pologne, long-temps agitée, a fini partagée entre les Etats voisins.

Mais il est d'autres sociétés dont l'administration peut être troublée passagèrement, par le désordre que les passions y ont introduit, sans que leur constitution soit pour toujours renversée, parce qu'elle repose sur la base indestructible des lois naturelles de la société, « de ces lois, dit Bossuet, contre » lesquelles tout ce qu'on fait est nul de » soi »; c'est la maison bâtie sur la roche, que le vent et les flots battent en vain, tandis qu'ils emportent jusqu'à la dernière pierre de l'édifice bâti sur le sable.

Ces sociétés ne peuvent périr, mais elles deviennent le théâtre d'une guerre intestine entre l'ordre et le désordre; guerre d'autant plus animée que les désordres sont plus graves, et les lois fondamentales plus naturelles et mieux connues; en sorte que les crises seront au plus haut point de violence, lorsque les passions, toujours les mêmes, mais mises en œuvre par des esprits parvenus au plus haut degré de connoissances et de pénétration, auront à combattre les principes de l'ordre, portés par le temps et les lumières au terme extrême de leur développement, et par conséquent de leur stabilité.

La société en général, considérée sous ce double aspect, peut être comparée à l'homme d'un tempérament foible, qu'une maladie de langueur jette dans le dépérissement et conduit lentement au tombeau, ou à l'homme d'une constitution robuste, qui résiste aux accès d'une maladie aiguë, et qui, débarrassé des mauvais levains qu'un régime vicieux avoit introduits dans les organes de la vie, puise dans son rétablissement de nouvelles forces, et parvient à l'âge le plus avancé.

On pourroit faire l'application de ces propositions à toute constitution de société, religieuse ou politique, considérée en général, et comparée à une autre constitution, comme, par exemple, au catholicisme comparé au presbytéranisme, et au monarchisme comparé au popularisme; mais pour nous arrêter à une application locale et particulière, et par là même plus sensible, nous ne sortirons pas de la France, l'aînée, et la plus constituée des sociétés religieuses et politiques de l'Europe.

Il est impossible d'assigner une époque précise à certains changemens qui arrivent dans les Etats, soit en bien, soit en mal, parce que les erreurs des hommes sont de la même date que leurs passions, ou leur raison aussi ancienne que la vérité; mais depuis un temps déjà loin de nous, il s'étoit introduit des désordres dans l'administration religieuse et politique de la France, et telle est la similitude des deux sociétés, et le nœud mystérieux qui les unit, que des désordres exactement correspondans, et, pour ainsi dire, parallèles, s'étoient manifestés à la fois dans l'une et dans l'autre société (1).

Ainsi, pour en donner un exemple, lorsque les fiefs militaires avoient passé dans les

(1) Voyez la seconde partie.

propriétés de l'église, les dîmes ecclésiastiques avoient passé, par l'inféodation, dans les propriétés séculières ; et lorsqu'il s'étoit introduit dans l'ordre du clergé des titres sans fonctions, et souvent sans propriétés, il s'étoit introduit dans l'ordre politique, ou la noblesse, des décorations sans devoirs, et des titres sans fonctions ; en sorte que l'un et l'autre ordre étoient, si l'on peut le dire, tombés à la fois en *commende*. La révolution, qui n'est que l'effort que fait une société pour revenir à l'ordre, étoit donc commencée depuis long-temps : la maladie avoit eu ses crises, et la génération encore vivante a vu les déplorables querelles religieuses et politiques sur les *affaires du temps*, et *des parlemens*, qui annonçoient l'explosion générale dont nous avons été les témoins, comme une épaisse fumée annonce l'éruption prochaine d'un grand incendie.

L'explosion se fit en 1789. La plupart crurent que la révolution commençoit alors seulement, parce qu'ils aperçurent des hommes nouveaux à la tête des affaires, et des formes nouvelles d'administration. La révolution, sans doute, *vint au monde* à cette époque ;

mais elle étoit bien auparavant *conçue* dans le sein de la société, et depuis long-temps elle y étoit prévue et annoncée (1). Le grand

---

(1) Voyez les *Sermons du P. Neuville* et les *dernières Remontrances du Clergé*; mais voici ce qu'on lit dans un ouvrage intitulé : *Variétés d'un Philosophe provincial, par M. Ch. Lejeune*, à Bruxelles, chez la veuve Vasse; et à Paris, chez H. C. de Hansy, rue Saint-Jacques; 1767 :

« Toutes les idées sont si renversées aujourd'hui, » on est si loin des notions les plus claires; les vérités, » qu'on a toujours regardées comme le rudiment des » mœurs et la source de l'honnêteté publique, ont » tellement dégénéré en problème et en paradoxes, » on a tellement oublié les maximes fondamentales du » patriotisme même et de la saine philosophie, qu'a- » vant trente ans, supposé que cela continue, on n'en- » tendra raison sur rien. Le brouillard gagne et s'étend » sur toute l'Europe, au point qu'on n'y verra plus » en plein midi.

» Je conseillerois à tous ceux qui espèrent vivre, » et à qui le délire épidémique n'a pas encore fait » tourner la tête, de recueillir bien précisément les lu- » mières de leur bon sens, et d'écrire, comme quelque » chose de fort rare, ce que du premier coup d'œil » leur esprit décidera juste et convenable. Surtout » qu'ils prennent garde de se rebuter par la raison que » cela leur paroîtroit trop évident en 1797 ou 98 *au* nombre en attribua la cause à des fautes qui n'en furent que l'occasion. Telle est en effet la nécessité des lois générales qui règlent les événemens de ce monde, que lorsque certains effets, préparés par des causes éloignées, sont devenus inévitables, par de nouvelles opinions introduites dans les esprits, et de nouveaux arrangemens dans les choses; les démarches même les plus indifférentes, et quelquefois les plus louables, donnent aux événemens la dernière et fatale impulsion.

Ainsi, lorsque le temps a miné, dans un antique édifice, le principe de la durée, le plus foible moteur, l'air, un son, peut-être les travaux souterrains d'un foible animal, déterminent l'instant de son entière ruine. « Il n'arrive jamais de révolution subite, dit

---

» *plus tard*. Il sera temps de faire imprimer le recueil:
» alors on trouvera neuf ce qu'il y a de plus simple;
» et je craindrois même, vu le progrès de la déraison,
» que ce livre ne parût encore trop extraordinaire. Ce-
» pendant je pense que peu à peu on s'y accoutumera.
» Ainsi un malheureux tout à coup sorti du noir ca-
» chot, où il languissoit depuis bien des années,
» souffre de la première vue du soleil; mais il ne
» tarde pas à s'y faire ». *Page* 237.

» Mably, parce que nous ne changeons point » en un jour notre manière de voir, de pen- » ser et de sentir. .... Si un peuple paroît » changer brusquement de mœurs, de génie » et de lois, soyez sûr que cette révolution » a été précédée par une longue suite d'évé- » nemens, et par une longue fermentation » des passions ».

Rien ne prouve mieux à l'homme attentif l'existence de cette intelligence suprême, législatrice souveraine de l'ordre moral comme de l'ordre physique, que l'exécution infaillible de cette loi générale, qui veut qu'une cause, même contingente, étant posée, il s'ensuive un effet nécessaire; car elle ne seroit pas cause, si elle ne produisoit un effet; et s'il n'y avoit ni cause ni effet, il n'y auroit rien, rien ne seroit.

Cette intelligence, suprême législatrice de l'ordre éternel, les philosophes anciens ne la connoissoient pas, et les philosophes modernes la méconnoissent. Ceux-là ne voyoient que le destin, et la main de fer d'une aveugle et inflexible nécessité; ceux-ci ne voient que leur nature, qu'ils font aussi rigide que le *fatum*, sans la supposer plus intelligente;

les chrétiens seuls ont la clef de la science, et le secret de la *nature* et de la *nécessité*. Ils savent que la création libre des êtres est *naturelle* à l'être *nécessaire* et *nécessairement* tout-puissant ; que de cette création libre et *naturelle* des êtres, il suit entre eux des (1) rapports *nécessaires* exprimés dans les lois *naturelles*, et que c'est par l'observation de ces lois *naturelles* que le Créateur conduit les êtres à leur fin *nécessaire*.

La France, à laquelle je reviens, considérée dans le long cours de sa vie sociale, et dans ses relations avec les autres Etats, semble être, dans la société générale de l'Europe civilisée, ou de la chrétienté, ce qu'est un premier ministre dans le gouvernement d'un Etat. Née de la nature même, mais élevée par Charlemagne, elle a agi ou con-

---

(1) Un potier fait *librement* des vases ; mais par cela seul qu'ils sont faits et qu'ils existent ensemble, ils se trouvent *nécessairement* en rapport entre eux de forme, de capacité, de distance ; je me sers d'autant plus volontiers de la comparaison du potier, que l'Ecriture l'emploie souvent, et elle sert à faire comprendre comment la création *libre* des êtres produit entre eux des rapports *nécessaires*.

couru dans tout ce qui s'est fait d'important en Europe, depuis cet homme prodigieux; et il semble même, qu'à considérer l'Europe chrétienne comme une grande famille, la prééminence dont la France jouissoit entre ses enfans fût exprimée dans le titre de *Fils aîné de l'Église* et de *très-chrétien*, depuis long-temps attaché au pouvoir suprême de cette société.

La France, forte de seize siècles de constitution religieuse ou politique, tombée depuis long-temps dans des désordres d'administration qui s'étoient successivement accrus, et qui avoient, comme il arrive toujours, altéré les mœurs avant de renverser les lois, ne pouvoit être ramenée à l'ordre que par des efforts proportionnés à la force de sa constitution, à la gravité du mal, et à l'importance des fonctions, et, pour ainsi dire, de la magistrature qu'elle exerçoit sur l'Europe.

Aussi la révolution française présenta, dès les premiers instans, des caractères particuliers et extraordinaires, aperçus depuis long-temps par l'auteur des célèbres *Considérations sur la France*, mais aujourd'hui plus développés, et par là même plus remarquables.

Aussitôt que la révolution éclata en France, tout pouvoir civil, c'est-à-dire, conservateur des hommes et des propriétés, cessa dans l'Etat; ce qui n'est jamais arrivé au même degré dans aucune autre société, pas même en Angleterre, où il y eut autant de violences individuelles, et peut-être même plus de désordres particuliers, mais où il n'y eut pas cette constitution inverse et *négative*, si j'ose le dire, qui contrefit l'ordre public et distribua l'injustice, comme un gouvernement régulier distribue la justice entre les citoyens; et il s'éleva sur toute la France un pouvoir essentiellement destructeur, sous le nom de *gouvernement révolutionnaire*, qui soumit le désordre à des règles, constitua l'oppression, et détruisit légalement les hommes et les choses.

Alors la France passa tout entière de l'état civilisé ou de conservation, à l'état sauvage ou de destruction, comme dans la société, le méchant qui trouble l'ordre public est mis hors des lois civiles, et tombe sous l'action des lois criminelles. « Il peut

» en être de quelques nations, dit le célèbre » Bacon, comme de ces hommes que nous » appelons hors les lois, *ex leges*, parce » qu'ils sont proscrits par les lois civiles de » tous les pays (1) ».

Dans cette mémorable catastrophe, les hommes furent instrumens plutôt que ministres d'un pouvoir irrésistible, qui, se jouant de leurs volontés et de leurs passions, se servit d'eux, et ne voulut pas qu'ils le servissent, encore moins qu'ils se servissent de lui, pour leurs fins personnelles; et qui repoussa également, et souvent punit exemplairement, l'homme fort qui voulut combattre la révolution, et l'homme foible qui voulut la tromper, l'ambitieux qui crut la diriger, et le scélérat qui osa la dépasser, et en quelque sorte la dérégler.

Dès lors la France fut à l'égard des puissances étrangères, comme un homme con-

---

(1) *Quemadmodùm enim homines quidam sunt quos* ex leges *appellamus, proscripti scilicet per leges civiles diversarum regionum, ita etiam nationes quædam reperiuntur.*

Bac. de Bello sacro.

damné à une peine afflictive, et qui, sous la main de la justice, n'a plus rien à craindre de la vengeance; ou comme ces célèbres coupables, dont l'antiquité fabuleuse nous a transmis le crime et les châtimens, et que les païens regardoient avec une religieuse terreur, tels que des victimes dévouées aux Dieux, *Diis sacer.* Aussi la France ne triompha pas au commencement, des puissances coalisées contre elle, par la supériorité de sa tactique, l'habileté de ses généraux, ou la sagesse de ses conseils; mais elle répandit en Europe la terreur qui a toujours précédé ses armées, par l'indiscipline même si redoutable de ses soldats, la fougueuse témérité de ses généraux, le délire surnaturel de ses administrateurs. Comme la France n'avoit reçu la force que pour sa conservation, elle fit toujours la guerre près de ses frontières, non avec plus de gloire, mais avec plus de fruit que la guerre au loin, et elle est la seule de tous les États populaires, anciens et modernes, qui ait fait avec un désavantage constant la guerre maritime, toujours offensive de la part d'une puissance continentale : différence totale entre la République Française et la République Romaine, qu'on veut toujours comparer ensemble. Car les Romains faisoient la guerre au loin, beaucoup plus heureusement qu'à leurs portes, et quoique sans expérience dans la marine, ils triomphèrent de la puissance navale de Carthage, comme des armées de Pyrrhus, de Persée et de Mithridate.

Cependant ceux qui avoient fait des lois de la société et des leçons de l'histoire l'objet de leurs méditations, jugeoient l'importance de la cause par la gravité des effets, et calculoient la durée de la maladie sur la violence des accès; ils cherchoient à estimer jusqu'à quel point un siècle entier d'erreur dans les leçons et de licence dans les exemples, depuis la régence jusqu'à nos jours, à ne pas remonter plus haut, avoit affoibli la croyance des vérités fondamentales de l'ordre social et accru la fougue des passions; et ce que dix siècles d'instruction et de discipline, depuis Charlemagne jusqu'à Bossuet, pouvoit avoir mis de force dans la raison et de solidité dans les vertus. Dès lors ils purent tout craindre des Français, et ils durent tout en espérer; et il fut raisonnable de conjecturer que cet enfant prodigue, après avoir dissipé dans la débauche son antique et brillant patrimoine, tomberoit dans les dernières extrémités du malheur et de l'opprobre; mais que rentré en lui-même, il jeteroit enfin les yeux sur l'abjection de son état, et voudroit remonter au rang dont il étoit déchu.

La révolution française a passé, et de bien loin, toutes les craintes et toutes les espérances. Assemblage inoui de foiblesse et de force, d'opprobre et de grandeur, de délire et de raison, de crimes, et même de vertus, la tête dans les cieux et les pieds dans les enfers, elle a atteint les deux points extrêmes de la ligne qu'il a été donné à l'homme de parcourir, et elle a offert à l'Europe, dans tous les genres, des scandales ou des modèles qui ne seront jamais surpassés.

Aujourd'hui que la France cherche à rentrer dans le sentier étroit de la sagesse, et qu'après avoir dicté des lois à l'Europe, elle veut s'en donner à elle-même, le moment est venu d'offrir à sa raison incertaine, ces principes qui jadis firent sa force, et

hors

hors desquels elle chercheroit en vain le bonheur. C'est la tâche que j'ai entreprise. Ancien habitant de cette contrée dévastée, j'indique à ceux qui sont nés après les jours de désolation, les antiques limites de notre commun héritage.

Déjà des codes de lois civiles et criminelles, médités par des hommes versés dans l'étude de la jurisprudence, ont été ou seront bientôt l'objet d'une discussion solennelle devant nos nombreux législateurs (1). L'intention de ceux qui gouvernent, de s'entourer de toutes les observations, et de ne repousser aucunes lumières, permet à tous les citoyens, impose même à quelques-uns le devoir d'offrir à leur patrie le tribut de leurs connoissances, au hasard qu'il n'en soit pas favorablement accueilli.

L'auteur de ces principes de législation a déjà fait entendre sa réclamation sur la plus fondamentale de toutes les questions civiles, sur la question du divorce (2) et de l'indisso-

(1) Depuis que ceci est écrit, ce code a été retiré de la discussion par le gouvernement.

(2) Du Divorce considéré au dix-neuvième siècle. Chez Le Clere, quai des Augustins, n°. 39.

lubilité du lien conjugal; sa voix favorablement écoutée du public, partie dans ce grand procès, n'a pas encore pu fléchir l'opinion des juges; et, jusqu'à présent, des motifs du moment l'ont emporté sur des raisons d'éternelle vérité. Cependant tous seront-ils dépravés, parce que quelques-uns sont corrompus? tous seront-ils malheureux, parce que quelques-uns ont été coupables? et la France, riche autrefois de tant de lois de raison et de vertu, recevra-t-elle, au quinzième siècle de son âge, une loi foible et fausse qu'elle a rejetée dans son enfance?

Il est vrai que, dans la discussion sur le mode de divorcer, la raison s'est vengée du mépris que les novateurs avoient fait d'elle dans la déclaration du principe. On voit, dans les discussions sur le divorce qui ont eu lieu aux diverses époques, les opinans, péniblement occupés à régler le désordre, chercher une route entre deux écueils: d'un côté, craindre que le divorce soit trop facile si l'on divorce sans motifs jugés; de l'autre, craindre qu'il soit trop public si l'on divorce avec des motifs jugés; et *rejetant le moucheron lorsqu'ils avalent le chameau*, se décider pour une législation hypocrite, qui redoute le scandale, et non pas le désordre ; comme si dans la société il pouvoit y avoir un plus grand scandale que celui du désordre permis par la loi!

Quoi qu'il en soit, ce n'est plus sur un article isolé du code civil, mais sur le code civil lui-même, et tout entier, que l'auteur de cet essai vient proposer quelques réflexions, non assurément pour en nier l'utilité, ou même en contester la sagesse, mais pour en faire sentir l'insuffisance, et établir la nécessité de faire précéder le code des facultés par le code des devoirs, et les réglemens variables d'une discipline humaine, par les lois immuables de l'éternelle raison.

Je dois, pour expliquer toute ma pensée, jeter un coup d'œil général sur notre législation depuis 1789.

La législation que la France reçut à cette époque mémorable, commença par la *déclaration* solennelle *des droits de l'homme* (1)

---

(1) *Droit*, au singulier, veut dire *règle*, de *dirigere*, *directum*. Droit civil ou règle du citoyen sont la même chose ; mais *droits*, au pluriel, a pris une toute autre acception. Ce mot employé pour expri-

et du citoyen. C'est une série, non de maximes *générales*, mais, ce qui est bien différent, de maximes *indéterminées* (1), placées en

---

mer indistinctement tous les rapports, et même les plus opposés, n'en désigne aucun avec précision. Ainsi l'on dit également, les droits du père et les droits du fils, les droits du mari et les droits de la femme, les droits du maître et les droits du serviteur, les droits de l'homme et les droits de Dieu. Quelquefois il désigne propriété; et c'est dans ce sens qu'on dit : J'ai des *droits* sur cette terre, sur cet héritage...... Cette expression à plusieurs sens est commode dans la conversation familière, comme ces meubles à plusieurs usages quand on voyage; mais en politique elle n'exprime rien de juste, et elle a été funeste.

(1) *Il n'y a pas d'effet sans cause*, est une maxime absolue, et d'une vérité nécessaire à jamais. *Honore ton père et ta mère*, est une maxime générale, parce que *père* signifie le pouvoir en général, et qu'*honore* exprime tout ce qui lui est dû. *Fais l'aumône à Paul*, est une maxime particulière, parce qu'elle particularise *l'homme*; elle est d'une vérité locale et conditionnelle. La maxime, *les hommes naissent et demeurent libres et égaux en droits*, n'est rien de tout cela; c'est du vague et de l'indéterminé, que le voluptueux explique de la liberté des jouissances, l'ambitieux de la supériorité de domination, l'avare de l'acquisition des richesses. On a accusé de métaphysique les auteurs

tête de la constitution, comme dans Virgile les ombres vaines et les songes légers à l'entrée des enfers : propositions vagues, où la logique des passions trouve seule un sens clair et précis, et que les gens simples prirent pour les *principes* de la science, uniquement parce qu'elles étoient le commencement du livre ; préambule digne de cette capitulation entre les opinions, de cette composition entre toutes les passions et tous les intérêts, qu'on décora du nom de *constitution* de 89, et dont les auteurs, en finissant, recommandèrent le maintien aux pères, aux mères, aux instituteurs, aux sujets enfin, parce qu'ils sentoient trop bien qu'ils avoient ôté au pouvoir public tous les moyens de la maintenir.

A peine ces oracles à double sens, comme ceux des sibylles, et comme eux proférés au milieu des convulsions et des frayeurs, eurent été entendus, que la France entière se réveilla comme d'un long sommeil, éblouie par le jour nouveau qui luisoit sur elle. Ce

---

de cette *déclaration*. Si c'est là un reproche, il n'y en eut jamais de moins mérité.

fut à cette lueur trompeuse que tous examinèrent leur position dans la société, et que chacun fut mécontent de soi ou des autres. L'homme en place fut honteux d'avoir usurpé l'autorité, et l'inférieur d'avoir prostitué son obéissance. La richesse parut un tort, même au propriétaire; la pauvreté une injustice, même à l'homme oisif ou dissipateur. Il n'y eut pas jusqu'à la médiocrité qui ne méconnût son bonheur; et les deux parties de la société, et de toute société, les forts et les foibles, ou plutôt les aînés et les plus jeunes, qui avoient marché jusque-là entre la religion et le gouvernement, sur la ligne commune où les plaçoient des services réciproques (car les premiers *servoient*, et étoient même faits pour *servir*), se séparèrent avec éclat, firent *front* l'un à l'autre, comme deux armées en présence, et commencèrent cette lutte insensée, impie, où le succès ne pouvoit être qu'une calamité, et qui n'a pas fait un seul homme heureux, même du malheur de tous les autres.

La victoire ne fut pas long-temps indécise. Le pouvoir avoit douté; il fut vaincu. Les vainqueurs, à leur tour, se divisèrent.

Le nouvel ordre de choses avoit ses premiers et ses seconds comme l'ancien, comme tout ordre quelconque; car l'ordre entre les hommes n'est autre chose que l'art de faire passer les uns avant les autres, afin que tous puissent arriver à temps. Les plus diligens ou les plus heureux, comblés d'honneurs et de biens, ne manquoient pas de proclamer à haute voix pour la conservation de leurs avantages, ou même d'écrire jusque sur les murs l'article dernier *des droits de l'homme :* « La propriété est un droit inviolable et sa» cré »; mais les derniers venus à la distribution, leur répondoient par l'article premier : « Les hommes naissent et demeurent » libres et égaux en droits ». Si *la propriété étoit un droit*, selon le dernier article, l'égalité de droit, consacrée dans le premier, emportoit l'égalité de propriété. Ce n'est pas qu'on ne pût répondre avec des distinctions; mais les passions raisonnent à moins de frais, et emploient d'autres argumens. La révolution eut ses promotions; elle eut aussi ses disgrâces, et la tribune aux harangues fut souvent le marche-pied de l'échafaud.

Cependant l'affreux commentaire que les

passions firent bientôt de la *déclaration des droits de l'homme*, ne tarda pas à en décrier le texte; et si cette déclaration fut compromise pour avoir été placée à la tête de la constitution de 1789, mise pour préliminaire à la constitution de 1793, elle fut à jamais déshonorée.

Enfin, après de longues et sanglantes erreurs, on comprit qu'il falloit parler à l'homme un peu moins de ses droits, un peu plus de ses devoirs. Les *droits de l'homme* tombèrent en désuétude, et furent abandonnés aux démagogues de province; ce ne fut que de loin en loin, et à la veille des crises révolutionnaires, qu'on entendit retentir, dans l'arène législative, ces mots effrayans, *les droits de l'homme*, signal de désolation et de mort, tels que ces coups de canon qui partent, à longs intervalles, d'un vaisseau *en perdition*.

Cependant l'invention de *la déclaration des droits de l'homme et du citoyen* n'étoit, comme tout ce que les hommes appellent *erreur*, qu'une vérité incomplète, et elle avoit sa raison dans une grande pensée.

Dans l'ordre des vérités morales, le général ou le simple (1) renferme le particulier et le composé, comme dans l'ordre physique le germe contient le corps organisé qui doit en sortir.

Le développement tout entier d'une partie des connoissances humaines, qu'on appelle *art* ou *science*, commence par un petit nombre de principes ou d'axiomes, où sont implicitement comprises, et d'où sortent l'une de l'autre, et chacune à son rang, toutes les conséquences, jusqu'aux plus éloignées, comme les plus petites feuilles du dernier rameau de la plus haute branche de l'arbre, sortent de proche en proche de la graine qui le produit. C'est ce qui fait sans doute qu'on dit une *branche* des connoissances humaines, et que l'on représente quelquefois, sous la forme d'un arbre généalogique, un système entier de connoissances, ou même un système de générations humaines, nées les unes des autres, et que l'on appelle *une*

---

(1) Le général ou le plus simple est très-différent du collectif, qui est le plus composé. Condillac et J.-J. Rousseau les ont confondus ; c'est là leur grande erreur en idéologie et en politique.

famille. C'étoit donc raisonner conséquemment, que de penser que la première de toutes les sciences, la science de la législation, avoit comme une autre, et même plus qu'une autre, ses principes qui précèdent, ses conséquences qui suivent, et sa partie générale ou simple, d'où doit sortir la partie composée et particulière; et que ces axiomes doivent renfermer le sens le plus étendu, mais en même temps le mieux déterminé, sous l'expression la plus abrégée et la plus précise, comme la graine contient un arbre entier sous le plus petit volume.

Ceux qui raisonnoient ainsi formellement, ou par quelque sentiment confus de la vérité, avoient sous les yeux le texte du code le plus ancien qui nous soit connu, et que nous présente le livre qui le contient, et mieux encore le peuple qui l'a reçu. « Ce peuple, dit » J.-J. Rousseau, que cinq mille ans n'ont » pu détruire, ni même altérer, et qui est à » l'épreuve du temps, de la fortune et des » conquérans ». A la tête de la législation mosaïque, incontestablement la plus forte de toutes les législations, puisqu'elle a produit le plus stable de tous les peuples, ils lisoient une exposition solennelle de maximes simples, claires et en petit nombre; *législation primitive*, déclaration de principes de toute législation, qui précède tous les codes, et particulièrement le *Lévitique*, code civil, c'est-à-dire, particulier et local des Juifs, qui contient leurs lois rituelles, cérémonielles et de police.

Les auteurs de *la déclaration des droits de l'homme et du citoyen* retrouvoient ce même *décalogue* mis en rimes, et, pour ainsi dire, en proverbes, dans toutes les langues de l'Europe civilisée, sous le nom de *commandemens de Dieu*: mais quelque éclairés qu'ils fussent d'ailleurs, il paroît qu'ils n'étoient pas assez persuadés que ces dix axiomes de législation sont le germe unique de tout ce qu'il y a jamais eu de législation au monde, et de civilisation en Europe; et ils ne se doutoient pas que le christianisme met plus de vérités distinctes dans l'esprit de l'enfant qui sait et comprend ces dix préceptes, que toute la secte académique ne mettoit de doutes dans la tête de ses philosophes. Enfin ils voyoient la législation particulière et de discipline du christianisme, et en quelque sorte *le code civil* de la société chrétienne, réduite aussi à un petit nombre de lois rimées, sous le nom de *commandemens de l'Eglise* ; et ils conçurent la pensée de publier à peu près sous cette forme les maximes de la législation civile, et d'en faire en quelque sorte *les commandemens de l'Etat* (1) : idée vaste et profonde, mais dont l'exécution fut confiée à l'ignorance présomptueuse, à qui, sous le nom de *philosophie*, il avoit été donné de tromper les peuples, après s'être trompée elle-même, et de prévaloir contre toute autorité, sans pouvoir affermir la sienne.

Cependant les désordres qui étoient résultés dans les opinions, et par une conséquence nécessaire dans les actions, de la *déclaration des droits de l'homme*, éloignèrent toute idée d'une déclaration semblable des différentes législations, par lesquelles on sortit insensiblement de la législation révolutionnaire. Les uns crurent avec une étonnante

---

(1) Je crois même que *la Déclaration des Droits de l'Homme* a été mise en rimes.

simplicité, et peut-être croient encore, que *la déclaration des droits de l'homme* renfermoit les vrais principes de toute législation; mais qu'il falloit les cacher soigneusement aux hommes qui n'étoient pas capables de les recevoir. Ils ne savoient pas qu'une vérité n'est dangereuse, ou même funeste (car une vérité n'est jamais indifférente), que lorsqu'elle apparoît aux hommes, sans que sa venue ait été préparée et comme annoncée par tout le cortége des vérités antécédentes et intermédiaires entre cette vérité nouvelle et les vérités anciennes, dont les hommes sont déjà en possession. Cette vérité ainsi isolée, qui vient *au milieu des siens*, c'est-à-dire, au milieu des hommes qui sont faits pour elle, et *qu'ils ne reçoivent* pas, parce qu'ils la voient sans la connoître, est comme ces hommes sans aveu qui se présentent dans la société, et que tout le monde suspecte par cela seul qu'ils ne peuvent se réclamer de qui que ce soit, et qu'ils n'ont de liaisons avec aucune personne connue. Mais cette connoissance préparatoire ne peut être nécessaire que pour les vérités subséquentes qui naissent de quelque autre vérité, et non pour les vérités primordiales ou absolues, qui formant le premier anneau de la chaîne, et ne découlant d'aucune autre vérité, sont elles-mêmes la source d'où découlent les autres vérités, et peuvent être considérées comme la raison divine, en tant qu'elle éclaire immédiatement la raison humaine. D'autres s'imaginèrent qu'il n'existe aucun ordre, aucun principe, pas plus pour la société que pour l'homme, que l'homme marche en aveugle au gré de ses passions, et le monde au hasard par l'arbitraire de sa force; parce qu'eux-mêmes, vils esclaves de leurs passions et des passions des autres, ne connoissoient d'autre principe que l'ambition, la volupté, l'intérêt ou la crainte: d'autres enfin pensèrent qu'il y avoit des principes de législation qui n'étoient pas ceux de la *déclaration des droits de l'homme*, mais qu'il falloit renoncer même à les chercher, puisque d'aussi *grands philosophes* ne les avoient pas trouvés; et ils se persuadèrent peut-être que le père des humains, dont ils ne nioient pas d'ailleurs l'existence, avoit mis les hommes sur la terre pour penser et pour agir, sans placer dans la société ni une lumière pour leurs pensées, ni une règle pour leurs actions.

Quoi qu'il en soit, ces différens motifs agissant simultanément sur divers esprits, ont contribué à faire disparoître des codes constitutionnels et civils toute déclaration préliminaire de principes de législation; et dans un temps où l'on a révélé au peuple qu'il n'y a point de Dieu, on lui a donné une législation où il ne peut apercevoir que l'homme.

Il est vrai que le code civil discuté au conseil d'Etat, avant de l'être au corps législatif, commence par cette maxime:

ART. Ier. « Il existe un droit universel et » immuable, source de toutes les lois posi- » tives. Il n'est que la raison naturelle, en » tant qu'elle gouverne tous les hommes ».

Mais cette proposition abstraite et indéterminée, *il existe un droit* ou une règle, donnée comme fondement de toute la législation à un peuple à qui l'on apprend depuis cinquante ans qu'il n'existe point de *régulateur*, ne peut lui présenter aucun sens, ou ne lui présente qu'un sens incomplet.

Lorsqu'on commence par dire aux hommes qu'*il existe une règle*, source de toutes les règles qu'on impose à leurs passions, ils doivent, quand ils sont éclairés, demander où est cette règle, d'où elle vient, et qu'on la leur montre, pour comparer les règles que le législateur humain leur donne, à la règle donnée au législateur lui-même; voir si elles sont conformes, et s'il y a pour lui une raison suffisante de prescrire, et pour eux une raison suffisante d'obéir. Après une révolution de législateurs et de lois, où l'on a vu paroître et disparoître tant de lois très-*positives*, qu'il est assurément difficile d'attribuer au *droit immuable et universel*, n'est-on pas fondé à conclure qu'il existe un droit contradictoire, variable et local, et par conséquent qu'il n'en existe aucun? Mais si ce droit immuable *est la raison naturelle*, et si cette raison n'est naturelle qu'*autant* ou *en tant* qu'elle gouverne tous les hommes, (car ici il y a équivoque dans l'expression, parce qu'il y a obscurité dans l'idée,) les hommes qui ne peuvent entendre par ces mots, *raison naturelle*, que leur propre raison, ne sont-ils pas en droit de conclure qu'il n'existe point

point dans ce sens de raison naturelle (1), puisque certainement elle ne gouverne pas

---

(1) Dans un ouvrage récent de législation d'un jurisconsulte anglais, M. Bentham, rédigé et publié par M. Dumont, citoyen de Genève, l'auteur rejette le principe de *la règle immuable et éternelle de droit*: le premier de tous les publicistes depuis Hobbes, il s'élève contre la multitude des *professeurs*, *des juristes*, *des magistrats*, *des philosophes*, *qui font retentir à vos oreilles la loi de nature...*, *droit naturel*, *équité naturelle*, *droits de l'homme*, et il va chercher la raison de toutes les lois dans les sensations de plaisir et de peine. Ce n'est pas ici le lieu de discuter ce système; mais l'auteur prouve la nécessité d'un fondement plus solide que ceux sur lesquels on a bâti l'édifice de la société. « Voyez, dit-il, dans quel cercle on se jette.... Je » dois tenir ma promesse. Pourquoi? Parce que ma » conscience me le prescrit. Pourquoi devez-vous » obéir à votre conscience? Parce que Dieu est l'au» teur de ma nature, et qu'obéir à ma conscience, c'est » obéir à Dieu. Pourquoi devez-vous obéir à Dieu? » Parce que c'est mon premier devoir. Comment le » savez-vous? Parce que ma conscience me le pres» crit, etc. Voilà, dit-il, le cercle éternel d'où l'on ne » sort jamais ». On en sort cependant où l'on peut en sortir, en s'appuyant sur une révélation positive, et en en démontrant la nécessité physique et morale, et c'est l'objet de cet essai.

tous les hommes, et par conséquent point de *droit immuable et universel?* Et comment peut-on donner aux hommes, comme fondement unique de toute législation, cette raison naturelle qui nous prescrit à nous de recueillir l'enfance, même abandonnée, et qui permettoit aux Romains, à ces Romains si raisonnables, d'exposer à leur naissance, même leurs propres enfans; qui nous défend à nous de laisser périr sans le défendre, un homme exposé aux coups d'un assassin, et qui permettoit aux Romains d'élever, de former des hommes à s'entre-tuer sur l'arène pour l'amusement des citoyens; qui nous prescrit à nous de veiller sur les mœurs de nos enfans, et qui permettoit aux Grecs, à ces Grecs si polis et si ingénieux, de prostituer leurs filles dans les temples; en un mot, qui ne nous permet à nous que des plaisirs légitimes, et qui permettoit à ces peuples si vantés des amours abominables?

Mais sans vouloir ici justifier en détail les principes de la législation dont je présente une esquisse, je prie le lecteur de réfléchir à cet axiome qui la commence, et qu'on peut regarder comme le fondement de l'Ordre social : « La souveraineté *est en Dieu*..... Le » pouvoir *est de Dieu* ». Il trouvera à la fois dans cette proposition, le principe de la souveraineté, la source du pouvoir, l'origine des lois. Elle donne à l'homme une haute idée de sa dignité, en lui rappelant qu'il est par sa nature indépendant de l'homme, et sujet de Dieu seul; elle donne au *pouvoir* une idée sévère de ses devoirs, en lui apprenant qu'il tient son autorité de Dieu même, et qu'il lui doit compte de l'usage qu'il en fait; elle lui dit que s'il néglige de *légitimer* sa puissance, en l'employant à faire régner les lois naturelles ou divines des sociétés, il cesse d'être le ministre de la bonté de Dieu sur les hommes, et il n'est plus que l'instrument de sa justice.

Cette proposition : « La loi est la volonté de » Dieu et la règle des hommes pour le main» tien de la société », accompagnée de la déclaration textuelle des lois fondamentales de toute législation subséquente et locale, porte sur des êtres connus : *Dieu*, *l'homme*, *la société*; non-seulement connus, mais même sensibles; Dieu, dans les lois générales et primitives, qui sont, dit Ch. Bonnet, *l'expression même physique de sa volonté;* l'homme et la société directement et en eux-mêmes: elle présente également trois idées distinctes, *volonté*, *règle* et *conservation:* ces êtres et ces idées se rapportent un à un avec une parfaite justesse, volonté à Dieu, règle à l'homme, conservation à la société, qui est le rapport de Dieu et de l'homme, et la dépositaire de toutes les volontés de Dieu, et de toutes les règles nécessaires à l'homme. Ces définitions, par conséquent, parlent au cœur et à l'esprit, en donnant au cœur des êtres à aimer, à l'esprit des idées qui l'éclairent; elles montrent à la fois le principe, l'objet et la fin des lois, par qui, pour qui et pourquoi elles sont faites; elles disent au plus grand nombre des hommes tout ce qu'ils peuvent apprendre et tout ce qu'ils doivent savoir sur les lois; car il n'y en a aucun qui ne comprenne parfaitement qu'une loi qui dérègle l'homme et trouble la société, ne sauroit être la volonté de Dieu. Si l'on juge important à l'éducation de l'enfant de lui donner des idées justes sur les différens objets de ses études, croit-on qu'il soit indifférent à la raison du peuple de lui donner des idées justes sur ces grands objets qui forment sa première, et même sa seule éducation morale ? Et quelle différence, par exemple, entre les sentimens de dépendance noble et fière qu'inspire aux hommes la pensée qu'ils n'ont de souverain que Dieu, et que leurs chefs ne sont que ses ministres, et cet assujettissement à l'homme, séditieux à la fois et servile, qui résulte de l'opinion que la souveraineté réside en eux-mêmes, et qu'ils peuvent en disposer à leur volonté ?

C'est cette doctrine vraiment divine, que le célèbre Bacon développe, lorsqu'il dit : « Que le pouvoir que l'homme exerce, n'est » fondé que sur ce qu'il est fait à l'image de » Dieu. *Faisons l'homme à notre image*, » dit Dieu dans la Genèse, *et qu'il com-* » *mande*. C'est là le titre et la charte primor- » diale de la donation de tout pouvoir, et » le pouvoir cesse, si l'image s'efface », c'est-à-dire, si le pouvoir n'agit pas conformément à la raison divine. « Et c'est ce que » dit, parlant de Dieu, le prophète Osée : » *Ils ont régné, mais je ne les ai pas en-*

» *voyés ; ils ont établi des princes, et je ne* » *les ai pas connus* (1) ».

Quoi qu'il en soit de cette maxime abstraite, et même suspecte de *naturalisme*, placée en tête du code civil, et qui peut en être regardée comme le texte, si je passe au commentaire qui la suit, et que j'ouvre au hasard le code pour y chercher ces lois, qui, selon l'article Ier., « *ont leur source dans* » *le droit immuable et universel, qui n'est* » *lui-même que la raison naturelle* » ; ces lois, est-il dit, article VII, « qui ne sta» tuent point sur des faits individuels, et

(1) *Non fundatur dominium nisi in imagine Dei.* (Faciemus hominem ad imaginem nostram, et dominetur). *Verissimum et planè divinum aphorismum hic habemus chartam donationis omnis dominii.* Imaginem si deleas, jus unò cessat. « *Undè Osea pro*» *pheta : ipsi regnaverunt, et non ex me ; principes* » *constituerunt, et non cognovi* ». De Bello sacro.

Si l'image s'efface, le pouvoir cesse, est une proposition vraie dans ce sens que le pouvoir ne doit pas être obéi, quand il commande des choses manifestement contraires aux lois divines ; mais on sait l'extension erronée que Wiclef a donnée à cette maxime, qu'il a entendu dans un sens absolu.

» qui sont présumées disposer, non sur des » cas rares et singuliers, mais sur ce qui se » passe dans le cours ordinaire des choses »; j'y trouve époux mécontent et volage, et même dans le plus grand détail, comment je dois m'y prendre pour me séparer de ma femme et épouser celle de mon ami; enfant irrespectueux ou dénaturé, que je peux disposer de moi ou sans le consentement de ceux qui m'ont donné le jour, et former contre leur gré des liens indissolubles; et même que je ne dois à mes parens, des alimens *qu'à proportion de leurs besoins*; voisin inquiet et usurpateur, je trouve dans ce code comment on commence des procès et comment on les prolonge; comment on se défend de ses semblables et comment on les attaque, et dans combien de temps on prescrit contre celui qu'on a dépouillé. Mais si j'y cherche les rapports des hommes avec l'auteur de l'Ordre général de l'univers, d'où suivent leurs rapports entre eux dans l'Ordre particulier de la société domestique et de la société publique; si je cherche les rapports des hommes entre eux dans la famille, des familles entre elles dans l'Etat, des Etats entre eux dans le monde; en un mot, les rapports et les lois des êtres intelligens, connoissance qu'une société avancée peut recevoir, et qu'il est nécessaire de rendre ou de donner à une société déréglée, je ne trouve rien, absolument rien sur ces grands objets; je me rappelle, au contraire, d'avoir lu dans la *déclaration des droits de l'homme* cette maxime sous-entendue dans tous les codes qu'on nous a donnés depuis : « Tout ce qui » n'est pas défendu par la loi ne peut être » empêché, et nul ne peut être contraint à » faire ce qu'elle n'ordonne pas ». Maxime d'esclaves, qui soustrait l'homme aux liens de sa conscience pour le jeter dans les chaînes des lois pénales; qui dispense l'homme des vertus héroïques, ou oblige le législateur à régler jusqu'aux actions individuelles. Ainsi j'apprends dans ce code, que je peux briser les nœuds les plus sacrés, me soustraire aux devoirs les plus respectables, me permettre envers mes semblables les procédés les plus fâcheux, sans avoir appris de la même loi que je dois respecter ces nœuds, pratiquer ces devoirs, aimer et servir mes semblables; que dis-je? lorsque j'ai appris dans les écrits les plus artificieux et par les exemples les plus accrédités, que je ne dois aimer ni servir que moi-même, ou ne servir les autres que par rapport à moi, et sans aucun motif pris hors de moi et supérieur à moi, à mes motifs comme à ma raison; et pour me former aux bonnes actions, le législateur me place entre deux codes, le code civil et le code criminel, dont l'un m'apprend ce qu'il faut que je fasse pour n'être pas trompé, et l'autre, ce qu'il faut que j'évite pour n'être pas puni.

Le code civil est donc un code de facultés, souvent tristes et fâcheuses, et non un code de devoirs sacrés et indispensables. Il peut former des juges, des avocats et des plaideurs; servir aux époux mécontens, aux fils rebelles, aux voisins inquiets; mais il ne sauroit faire des hommes vertueux et des citoyens estimables; il donne les règles du combat entre les hommes, et non les moyens de la paix; et le législateur qui le promulgue comme l'unique règle de l'homme, et sans parler d'aucune autre, ressemble à un médecin, qui, consulté sur le régime propre à conserver la santé, au lieu de donner les grands préceptes de la tempérance, de la sobriété, du travail, prescriroit des remèdes propres à arrêter la fièvre ou à appaiser des douleurs.

Ces lois, ou plutôt ces ordonnances, sont malheureusement nécessaires; mais elles ne le sont que subsidiairement, et à défaut d'autres qu'elles supposent. Avant d'apprendre aux hommes les formes arbitraires de la législation civile, il faut leur inculquer les principes éternels, naturels, nécessaires de toute législation sociale; il faut leur tracer les règles de ce qu'ils se *doivent* les uns aux autres, avant de leur donner la mesure de ce qu'ils *peuvent* les uns contre les autres.

Et qu'on ne dise pas que les anciennes ordonnances civiles n'étoient en France, et ne sont encore chez les autres peuples, que des ordonnances de formes, et ne prescrivent rien de plus que les nouvelles sur les rapports des hommes entre eux, et sur leurs devoirs dans la société; car il y a une extrême différence dans les temps et dans les hommes. La législation civile reposoit autrefois tout entière sur le fondement inébranlable (on le croyoit du moins), des lois morales, de la loi naturelle, de la loi divine, car ces expressions sont synonymes; et le *décalogue* se trouvoit à la première page de tous les codes civils et criminels des peuples chrétiens, comme il formoit la première instruction de tous les hommes.

L'empereur Justinien, dont les lois se ressentent encore des erreurs du paganisme (1), définit cependant la jurisprudence, *la connoissance des choses divines et humaines*, et son code commence au nom de la sainte Trinité et de la foi chrétienne, par la déclaration la plus solennelle et la plus expresse de la souveraineté de la religion, de la primauté de l'Eglise romaine, et par une invitation à tous ses sujets d'embrasser la doctrine du christianisme, et de prendre le nom de chrétiens, *cunctos populos*, etc. Pour aller du premier législateur politique

---

(1) « Le droit naturel, dit-il, est celui que la nature enseigne à tous les animaux ». *Titre II*. Justinien avance là une erreur grossière, et prend évidemment la loi physique pour la loi naturelle : cette erreur nous vient des païens, et elle s'est perpétuée dans nos opinions.

de l'ère chrétienne à nos jurisconsultes modernes, le célèbre Domat, qui est à nos philosophes récens les plus vantés ce que la raison est à l'esprit, dans l'introduction de son immortel ouvrage sur les lois civiles, s'énonce ainsi : « La religion chrétienne nous » découvre quels sont les premiers principes » que Dieu a établis pour le fondement de » l'Ordre de la société des hommes, et *qui* » *sont les sources de toutes les règles de* » *la justice et de l'équité* ». Et plus loin : « Ainsi la première loi de l'homme, qui » lui commande l'amour et la recherche du » souverain bien (de Dieu, comme il l'a dit » plus haut), est le fondement et le prin- » cipe de toutes les autres lois ».

Je vais plus loin. Les lois civiles qu'on propose aujourd'hui à tous les citoyens, qu'on discute devant tous les citoyens, sur lesquelles on consulte tous les citoyens, devenus tous juges les uns des autres, au civil et même au criminel, n'étoient alors connues que de ceux qui se dévouoient par de longues études à une pratique de toute la vie, et qui regardoient la fonction de juger les autres comme une profession pénible, à laquelle quelques-uns étoient condamnés pour l'utilité de tous, et non comme une jouissance que tous fussent appelés à partager. Alors la loi humaine ne rendoit ses oracles que dans les tribunaux; mais la loi morale ou divine, promulguée et interprétée par la religion, faisoit partout entendre sa voix sévère, dans les foyers domestiques et sur les places publiques, dans nos cités et dans nos campagnes, dans les temples, et même dans les camps. Chacun, quelle que fût sa profession, *trouvoit la sagesse assise à sa porte : elle se montroit à l'homme dans toutes ses voies* (1), et si partout elle n'étoit pas écoutée, nulle part elle n'étoit contredite : l'édifice social reposoit alors sur ses fondemens éternels; une secte insensée n'avoit pas fait de la société, avec ses vains systèmes de pouvoir qui se combattent, de forces qui se *pondèrent*, de devoirs qui se discutent, un ballon aérostatique balancé dans les airs, porté sur le feu, poussé par le vent, où les peuples sont appendus et flottans dans la région des brouillards et des tempêtes; et une

(1) Sagesse, ch. VI.

horde accourue des confins les plus reculés de l'espèce humaine, n'avoit pas fait irruption dans le domaine de la justice, de la morale et de la raison. C'est à nos jours qu'il étoit réservé de voir la religion de l'athéisme et le *règne de la terreur*, la justice *dans des tribunaux révolutionnaires*, la force publique dans *des armées révolutionnaires*, l'administration dans des *comités révolutionnaires*, l'Etat tout entier *sous un gouvernement révolutionnaire*, et jusque dans les lieux les plus ignorés, des institutions publiques pour nier tout ce qui est vrai, pour profaner tout ce qui est saint, pour proscrire tout ce qui est juste, pour dépouiller jusqu'à l'indigence, pour accabler jusqu'à la foiblesse; d'autres dieux, d'autres hommes, une autre société, d'autres mœurs, d'autres lois, d'autres crimes, enfin, d'autres vertus, et, pour parler avec un prophète, *de nouveaux cieux et une nouvelle terre*..... Et c'est lorsque tant d'erreurs, de crimes et de folies ont fait perdre à une nation toute idée de droit, de raison, de nature, d'immutabilité dans les principes, d'universalité dans la morale, de spiritualité même dans l'homme, d'existence enfin de toute autre chose que de matière et de formes, et que ce bouleversement total a été fait au nom de la loi et par l'autorité publique; c'est alors que l'autorité publique s'énonçant dans une loi nouvelle, pour rendre au peuple quelque rectitude dans les idées, donner un frein à ses passions, une règle à ses vertus, un motif à ses devoirs, lui apprend qu'il existe *un droit immuable, source de toutes les lois, une raison naturelle qui gouverne tous les hommes*. Hélas! comment croira-t-il à *un droit immuable, source des lois*, ce peuple qui a vu passer dans quelques années, et comme ces représentations fugitives dont on amuse l'enfance, cinq à six constitutions toutes fondamentales, et quarante mille lois, toutes d'urgence? Quelle idée se fera-t-il de cette *raison naturelle* qui gouverne les hommes, lui qui a été gouverné si long-temps par un délire presque surnaturel, source de tant de maux? On lui donne le *Traité des obligations*, et il a perdu toute connoissance positive de ses devoirs; on prescrit avec la dernière exactitude les clauses du contrat de mariage, et on lui permet d'attenter à l'indissolubilité du lien conjugal ; il a besoin enfin du code de la morale oublié et foulé aux pieds, et on lui donne le code des hypothèques! que dis-je? on semble craindre qu'il n'ait trop de respect pour les lois, ce peuple qui, à force de lois et de législateurs, en est venu au point de voir tout passer, législateurs et lois, avec une égale indifférence, et qu'une nouveauté au théâtre intéresse bien plus qu'un code nouveau. A un peuple qui fait venir à grands frais des bouffons des contrées lointaines, il faut, plus que jamais, une législation qui vienne du ciel, et l'on s'applaudit comme d'un succès d'avoir pu enfin *séculariser* la législation (1), c'est-à-dire, séparer les lois civiles des lois religieuses, l'Ordre particulier de l'Ordre général, l'homme enfin de la Divinité. Les doc-

(1) Expression employée dans un rapport fait au corps législatif. Les lois religieuses ne sont pas les lois ecclésiastiques. Ce n'est que depuis qu'il se fait en Europe des lois fausses, que cette séparation s'est faite et a dû se faire ; car la sanction divine ne pouvoit pas être employée à consacrer l'imperfection de lois qui n'avoient rien que d'humain.

trines *populaires* menacent encore l'Europe de leur pernicieuse influence, le vent soufflera long-temps de la région des tempêtes, et au lieu d'élever des digues insurmontables autour de ce sol naguère couvert par les eaux, et de creuser jusqu'au rocher pour en asseoir les fondemens, nous nous contentons d'amonceler du sable sur les bords du fleuve, et tels que de malheureux naufragés, nous nous construisons à la hâte de frêles abris, comme si nous n'avions pris terre que pour quelques instans.

Mais, dit-on, ces lois fondamentales de toute société, par lesquelles vous voudriez commencer tout code particulier de lois civiles, sont gravées par la nature au fond du cœur de tous les hommes; et c'est les affoiblir que de les promulguer. « Ce que Dieu » veut que l'homme fasse, dit J.-J. Rous- » seau (1), il ne le lui fait pas dire par un

(1) Lorsque les chrétiens défendoient leur croyance par l'autorité, les philosophes leur opposoient sans cesse la raison; aujourd'hui que les chrétiens, devenus plus forts, même par le combat, et plus instruits, non sur leurs devoirs, mais sur les principes de l'Ordre,

» autre homme, il le lui dit lui-même, et » l'écrit au fond de son cœur (1) ». Si ce sophiste avoit dit : « Ce que Dieu veut que » la brute fasse, il ne le lui fait pas dire, » mais il le lui dit lui-même, et l'écrit

---

cherchent dans la raison, éclairée par leur croyance, la raison même de leur croyance ; ces philosophes leur opposent sans cesse l'autorité de quelques écrivains, et ils citent J.-J. Rousseau, Voltaire, Helvétius, comme nous citions l'autorité de la société religieuse ; car il faut bien prendre garde que saint Augustin, saint Léon, M. Bossuet, l'Evangile même, n'ont sur les chrétiens que l'autorité que leur donne l'Eglise.

(1) La doctrine du luthéranisme est fondée sur un principe semblable : avec cette différence que les purs déistes, comme J.-J., pensent qu'il n'a jamais existé de révélation extérieure de Dieu à la société humaine, et que l'homme trouve toutes les lois au fond de son cœur ; au lieu que Luther admet l'existence d'une révélation primitive : mais il pense que l'homme trouve dans sa raison les lumières nécessaires pour l'expliquer ; c'est-à-dire, que les uns veulent que l'homme soit sa loi à lui-même, et les autres veulent que l'homme soit à lui-même son magistrat. La doctrine de M. Kant, né au sein de l'école luthérienne, ne me paroît pas être autre chose, autant qu'on peut juger la pensée à travers le voile mystérieux de l'expression.

» au fond de sa nature »; je le croirois, et je lirois dans ces paroles la raison de l'instinct invariable de la brute, et de l'aveugle nécessité de ses mouvemens. Mais les hommes! des lois gravées au fond de leur cœur, sans qu'il soit besoin qu'on les leur fasse lire, eux dont les volontés sont si variées, et les actions si diverses! Je vois des pères tendres et des pères dénaturés, des enfans soûmis et des enfans rebelles, des époux unis et des époux divisés, des bienfaiteurs de leurs semblables et des assassins de leurs frères; laquelle de ces lois est gravée au fond de leur cœur? ou les uns ont-ils des lois gravées, et non pas les autres? Je vois ce même homme vertueux aujourd'hui jusqu'à l'héroïsme, demain vicieux jusqu'à la bassesse; a-t-il des lois diverses tour à tour gravées au fond de son cœur? car enfin des lois gravées au fond du cœur, que l'homme connoît sans aucune communication avec un autre être intelligent, sont des lois *nécessaires* comme les lois de la digestion et du sommeil, que l'homme connoît sans instruction, et qu'il ne peut enfreindre, parce qu'il ne peut les ignorer: ce sont des lois *innées*; et remarquez que les partisans des lois innées sont les plus grands adversaires des *idées innées*, comme si les lois n'étoient pas des *idées*. Mais les lois même de notre organisation physique ne sont pas nécessaires absolument, et indépendamment de toute volonté de notre part, comme chez les brutes. Il n'est pas jusqu'à la circulation de notre sang et à la digestion de nos alimens, les plus involontaires de nos fonctions vitales, qui ne supposent la volonté de manger, et même de respirer. La mort est sans doute nécessaire pour l'homme, mais la vie ne dure qu'autant qu'il le veut; et ce n'est pas la faculté de vivre et de jouir qui le distingue de la brute, mais le pouvoir de s'abstenir de tout avec volonté, et même de la vie. Car si l'homme sensuel, l'homme physique trouve du plaisir à vivre, et se plaint de la nécessité de mourir, l'homme moral, l'homme dont la raison est éclairée, gémit de la nécessité de vivre, et souvent reconnoît le devoir de mourir; pouvoir de vie et de mort sur soi-même, *jus supremum vitæ et necis*, dont l'homme abuse sans doute comme de toutes ses facultés, mais qui n'en est pas moins le titre primitif à la domination universelle qu'il exerce même sur ses semblables, et le caractère essentiel de sa dignité. Si les lois fondamentales, qu'on appelle naturelles, sont *gravées dans le cœur de tous les hommes*, pourquoi pas les lois civiles, qui sont tout aussi naturelles, et même tout aussi nécessaires ; car la société humaine ne peut pas plus subsister sans lois civiles, que le genre humain sans lois fondamentales? L'Ordre particulier de la société est aussi naturel, aussi nécessaire que l'Ordre général de l'Univers, et les conséquences aussi naturelles, aussi nécessaires que les principes. Laissons donc cette expression, *lois naturelles* (1), *gravées au fond des cœurs*, dans ce sens qu'il ne soit besoin d'aucune autorité visible pour nous les faire connoître (2)

---

(1) Je ne doute pas que cette erreur sur les lois naturelles n'ait pris naissance dans l'art. Ier. déjà cité des Institutes de Justinien : *Jus naturale est quod natura omnia animalia docuit.* « Le droit naturel est » celui que la nature enseigne à tous les animaux ».

(2) Si les lois naturelles étoient gravées au fond des cœurs, et que nous les connussions sans instruction

et nous les faire observer, ces lois que l'on croit gravées au fond des cœurs, parce qu'on ne peut se rendre compte du moment où l'instruction des leçons et des exemples en a développé l'idée, et qu'on croit avoir toujours sues, parce qu'on ne se rappelle pas de les avoir jamais apprises. Ces lois expriment ce que *Dieu veut que l'homme fasse*, mais Dieu a voulu que l'être intelligent les reçût d'un autre être semblable à lui, par une transmission orale ou écrite; en sorte que ces lois sont un fonds commun, et comme le patrimoine de la société, que son auteur, père des hommes, a substitué à ses enfans de génération en génération, et que le pouvoir domestique dans la société domestique, le pouvoir public dans la société publique, font valoir, et doivent même accroître au profit de leurs subordonnés.

Ainsi, loin de dire avec les déistes: « Ce

---

précédente, nous aurions tous un langage uniforme et inné pour les exprimer; et ce qui prouve que nous ne les connoissons que par transmission, est que nous les exprimons chacun dans la langue que nous avons apprise.

» que Dieu veut que l'homme fasse, il ne » le lui fait pas dire par un autre homme, » il le lui dit lui-même et l'écrit au fond de » son cœur »; il faut dire avec la raison et l'expérience : « ce que Dieu veut que l'homme » fasse, il le lui fait dire par un autre homme, » et il lui parle ainsi lui-même par le *moyen* » de la parole qu'il lui fait entendre, ou de » l'écriture qu'il lui fait lire ». Ainsi la parole et l'écriture, ou plutôt la pensée exprimée par des signes sensibles à l'oreille ou aux yeux, est le moyen unique de communication entre les intelligences, et par conséquent d'instruction.

Ici Pufendorff réfute l'erreur de Jean-Jacques Rousseau, et tombe lui-même dans une autre erreur.

« On dit ordinairement, dit cet écrivain, » au Traité des Devoirs de l'Homme et du Ci- » toyen, liv. I, ch. 3, que cette loi (natu- » relle) est *naturellement* connue à tout le » monde, ce qui ne doit pas s'entendre com- » me si elle étoit née, pour ainsi dire, avec » nous, et imprimée dans nos esprits dès le pre- » mier moment de notre existence, en forme » de propositions distinctes, et actuellement

» présentes à l'entendement ; mais *elle est* » *connue de chacun naturellement*, ou, » comme s'expriment les écrivains sacrés, » gravée dans les cœurs des hommes en tant » qu'elle peut être découverte par les seules » lumières de sa raison. . . . ». Il n'est pas vrai que l'homme ait pu découvrir la loi naturelle par la seule lumière de sa raison, puisque les plus beaux génies, et les philosophes de l'antiquité païenne les plus appliqués à la recherche des devoirs de l'homme et du pouvoir de la Divinité, n'ont eu sur ces grands objets que des notions très-imparfaites, et qu'elles n'ont été sûres et distinctes, ces notions des lois naturelles, que chez le peuple qui en a conservé le texte écrit dans ses livres sacrés. A le bien prendre, Pufendorff parle comme J.-J. Rousseau, quoiqu'il paroisse combattre son opinion ; aussi il se corrige lui-même, en ajoutant à ce que nous venons de lire : « D'ailleurs, les maximes les plus gé» nérales et les plus importantes de cette loi » sont si claires et si manifestes, que ceux à » *qui on les propose*, les approuvent aussi» tôt, et que, quand on les a une fois *connues*, » elles ne sauroient plus être effacées de nos

» esprits » ; où l'on voit deux choses, l'une, que nous ne *connoissons* ces lois qu'autant *qu'on nous les propose* ; l'autre, que leur *naturalité*, pour ainsi parler, consiste dans leur correspondance avec la nature de notre raison.

Ici l'on me permettra une digression sur le mot *nature* et *naturel*, et sur l'abus qu'on en a fait (1).

Nature vient de naître ; *natura* de *nasci* : un être naît pour une fin, et avec les moyens d'y parvenir ; cette fin et ces moyens composent sa nature ; la nature suppose donc l'être créé, et elle est la condition, et non la cause de son existence.

Un être qui n'auroit point les moyens de parvenir à sa fin, seroit hors de sa nature ; et un être qui ne se serviroit pas de ses moyens pour parvenir à sa fin, seroit encore hors de sa nature.

Ce que nous venons de dire, convient à la société comme à l'homme, à l'être social comme à l'être individuel, puisque la so-

---

(1) Voyez à la fin de la première partie.

ciété commence, et qu'elle a une fin et des moyens d'y parvenir.

L'homme vécut d'abord en société domestique ou de famille; il dut donc arrêter ses premiers regards sur la nature domestique, puisqu'il n'en connoissoit pas d'autre : aussi il appela exclusivement, société naturelle, la société de la famille; religion naturelle, la religion de la famille; lois naturelles, les lois de l'une et de l'autre société.

La société grandit; elle sortit de la société domestique, mais sans passer encore à la société publique; je veux dire qu'il n'y eut de constitution véritablement parfaite et naturelle que dans la famille, car les Etats anciens, tous despotiques ou démagogiques, n'avoient point de constitution politique, et M. de Montesquieu en convient; ainsi la qualité exclusive de *naturel* resta à la famille, et à tout ce qui sembloit lui appartenir; et parce que les brutes sont entre elles, à quelques égards, en rapports domestiques, Justinien lui-même commença ses Institutes par cette définition impie, si elle étoit autre chose qu'une ignorance grossière : « le

» droit naturel est celui que la nature ensei» gne à tous les animaux ».

Le droit naturel, la loi naturelle, la société naturelle, la religion naturelle furent donc le droit, la loi, la société, la religion de l'état naissant, domestique, familier de l'homme, et ce langage devenu faux, parce qu'il étoit exclusif, se perpétua dans les écoles, dans le discours, et produisit des jugemens erronés, et par une suite nécessaire des actions perverses.

Les philosophes, partant de cette idée très-juste, que la nature d'un être est sa perfection, puisqu'elle est l'être fini, accompli, attribuèrent toute perfection à cet état naissant, natif, originel, de l'homme et de la société, qu'ils appeloient l'état naturel.

Ainsi ils mirent l'état domestique bien au-dessus de l'état public de société, et dès lors, le sauvage au-dessus de l'homme civilisé. Les classes inférieures de la société plus voisines de l'état domestique, furent plus estimables que les classes supérieures, et les enfans furent plus *naturels* que les hommes faits.

Ainsi il n'y eut rien de parfait en législation que la loi naturelle; en religion que la religion naturelle; en droit que le droit naturel; en société que la société naturelle; et même comme si la famille n'étoit pas une société ou que l'homme pût naître et vivre sans famille, on opposa l'état de pure nature à tout état de société.

C'est là la grande erreur de J.-J. Rousseau, et même de *l'Esprit des Lois*, et l'on est affligé de voir M. de Montesquieu rêver aussi un état de pure nature antérieur à la société, *où la paix seroit la première loi naturelle*, et comme J.-Jacques, attribuer les désordres de l'homme à la société qui en est le frein et le remède, et sans laquelle même il n'y auroit bientôt plus d'homme.

Cependant l'état naturel de l'homme et de la société n'étoit plus, depuis long-temps, l'état domestique. Un état où l'être ne peut pas demeurer, n'est pas sa fin, son état naturel; et la société ne pouvoit pas plus stationner dans l'état domestique, que l'homme ne peut rester enfant.

Aussi nulle part les familles n'avoient pu subsister sans se donner un gouvernement public; la religion naturelle se conserver sans s'appuyer sur la religion révélée, ni la loi naturelle se maintenir sans des lois subséquentes et positives.

La véritable nature de la société est donc le dernier état de société ou la société publique, comme la vraie nature de l'homme et son état nécessaire, est la société en général.

Ainsi la société publique est la perfection de la société domestique, et la société en général la perfection de l'homme.

Ainsi, comme dans les premiers temps, l'état naissant étoit l'état naturel, ou plutôt l'état natif; dans les derniers temps, l'état naturel est l'état fini, accompli.

C'est faute d'avoir fait cette observation, qu'on a jeté de l'odieux sur les lois et les institutions les plus nécessaires, parce que, disoit-on, elles n'étoient pas naturelles, et que l'on a présenté à la croyance des hommes les opinions les plus absurdes et quelquefois les plus funestes, sous prétexte qu'elles étoient naturelles.

Ainsi le célibat religieux a été attaqué comme une institution contraire à la *nature*, et une violation manifeste de ses lois les plus nécessaires, et l'on a oublié de distinguer entre la nature de l'homme domestique, dont la fin est sa reproduction dans un autre soi-même, et la nature de l'homme public, dont la fin est le service des autres, auquel le célibat rend l'homme plus propre, en le dégageant de tous les liens personnels, et c'est ce qui fait que le célibat s'introduit par le fait dans le militaire, comme dans le sacerdoce. Il est vrai que la profession militaire a été comprise dans l'anathème philosophique, et traitée aussi d'institution contraire à la nature; comme s'il y avoit quelque chose de plus naturel au monde, que de se consacrer, corps et biens, à la défense de ses frères et au maintien de la société!

Ainsi il ne faut employer aujourd'hui dans la législation, qu'avec une extrême circonspection, le mot *naturel*, lois *naturelles*, droit *naturel*, qui semblent exclure du *naturel*, c'est-à-dire, du raisonnable et du juste, tout droit positif, et toutes lois subséquentes; tandis qu'il est vrai de dire que les lois constitutives et réglémentaires de la société, sont toutes des lois naturelles, lorsqu'elles sont bonnes: ainsi la loi qui institue des tribunaux pour punir les crimes, et la loi qui dispose de la succession au pouvoir en faveur des mâles, sont des lois naturelles, et tout aussi naturelles que celles qui ordonnent *d'honorer le père et la mère*, et qui défendent de tuer et de voler.

Le baron de Pufendorff flotte ici entre l'erreur et la vérité; il distingue trois états de nature: le premier est la *condition de l'homme, considéré en tant que Dieu l'a fait le plus excellent de tous les animaux* (1).

Le second état de nature est la *triste condition où l'on conçoit que seroit réduit l'homme fait comme il est, s'il étoit abandonné à lui-même en naissant, et destitué de tout secours de ses semblables*.

Le troisième est celui où l'on conçoit les

---

(1) Les hommes véritablement instruits, sentiront que la définition qui fait de l'homme un *animal* même raisonnable, ne convient plus à nos lumières, et, j'ose le dire, à nos erreurs. L'homme est une *intelligence servie par des organes*. Le développement de cette définition fera quelque jour un traité intéressant de psycologie et de physiologie.

hommes totalement étrangers les uns aux autres, et qui n'ont de liaison que celle de la condition humaine, commune à tous les hommes; comme si des hommes qui ne sont pas membres de la même société domestique ou politique, ne faisoient pas tous partie de la même société religieuse, et n'étoient pas tous frères, comme enfans du même père, quoique quelquefois de mères ou d'églises différentes!

Je n'ai pas besoin de faire observer au lecteur combien peu il y a de précision et d'exactitude, combien de vague et d'incorrect il y a dans toutes ces définitions de l'auteur classique le plus estimé.

Je reprends le fil du Discours préliminaire.

C'est, dira-t-on, du pouvoir domestique et de la première éducation, que l'homme doit recevoir la connoissance des lois primitives, fondamentales de toute morale et de toute société, et non en aucune manière du pouvoir public. Mais où en est la société, si, pour instruire les enfans, elle compte sur les parens? les parens sont pervertis, et les législateurs les ont corrompus. Vous parlez

de

de la famille, quand l'homme n'en a plus; et que le lien sacré et indissoluble du mariage est devenu la convention temporaire, le bail à terme de l'intérêt et de la volupté, qui finit pour le foible à la fantaisie du plus fort. L'éducation! est-ce l'éducation que le pauvre peut donner à ses enfans, lui qui devenu plus corrompu sans en être plus aisé, ne connoît d'autre dieu que son intérêt, et par conséquent d'autre culte que celui de lui-même; lui qui, tourmenté par notre luxe, plus encore que par ses besoins, sort dès le matin pour aller chercher le pain que lui vend le riche, rentre au soir quand sa faim est assouvie, et ne peut donner à ses enfans d'autres leçons que l'exemple d'une vie agitée par la cupidité, quand elle n'est pas avilie par la misère? Est-ce l'éducation que l'enfant du riche reçoit dans la maison paternelle? Hélas! dans ces temps déjà loin de nous, où l'on ne renfermoit pas tout l'homme dans ses organes, et ses destinées immortelles entre les deux termes si rapprochés d'une enfance ignorante ou d'une vieillesse débile; lorsqu'il y avoit dans le monde un autre dieu que le dieu des riches.

ses, un autre culte que celui des voluptés, d'autres affaires que des intrigues d'ambition ou de plaisir; on voyoit fréquemment des hommes puissans, même des chefs des nations, égarés un moment par l'ivresse du pouvoir et par l'ivresse de la vengeance, revenus à eux-mêmes, se reprocher amèrement des exemples pernicieux, des actions injustes, même une guerre légitime, s'ils avoient excédé la mesure du mal qu'elle permet de faire à ses ennemis, fonder des établissemens pieux avec les deniers de l'iniquité, offrir à la justice éternelle des institutions d'une utilité durable pour la société, en expiation des maux passagers faits à quelques hommes, et laisser des monumens publics de leur foi à la Divinité, de leur espérance à une meilleure vie, de leur charité envers leurs semblables, des monumens qui attestassent leur repentir, même après que l'histoire auroit oublié leurs fautes. Mais aujourd'hui que l'Univers plus éclairé s'est débarrassé de cette censure incommode, et que l'homme a rejeté ce frein importun, on boit dans des coupes dorées l'oubli des maux que l'on a faits; on fonde des lieux de volupté, pour expier d'atroces barbaries; l'artiste inutile ou la courtisanne effrontée, sont les nouveaux dieux auxquels on consacre ces dépouilles opimes, enlevées sur de malheureux orphelins ou des veuves désolées; et si l'excès des plaisirs en amène la satiété, si ces fronts rayonnans de joies insensées se couvrent de sombres nuages, l'amitié même la plus intime ne peut percer au fond de ces abîmes, et y distinguer les remords de la vertu, des regrets de l'ambition trompée, ou d'une haine que rien ne peut assouvir.

Ce n'est plus même aujourd'hui de la religion toute seule qu'il faut attendre le retour aux idées conservatrices et aux vérités fondamentales de l'ordre social. Sans doute la religion remplissoit cette honorable fonction, lorsqu'à elle seule étoient confiés l'enseignement public dans la société et l'éducation domestique de l'homme; lorsqu'elle scelloit toutes les alliances des familles, sanctionnoit toutes les lois de l'État, intervenoit même aux traités solennels des nations, et que toujours combattue par les passions, et toujours respectée par l'autorité, elle marquoit du même sceau, elle instruisoit par les mêmes leçons, elle recevoit à la même table toutes les grandeurs et toutes les foiblesses, et les bergers comme les rois. Mais aujourd'hui qu'elle partage avec les sophistes l'éducation de la jeunesse, et avec des histrions l'enseignement public; aujourd'hui que l'on s'abonne à des cours de morale, où le prédicateur sans mission, les auditeurs sans devoir, n'ont d'autre rapport entre eux que celui de quelque argent à gagner et de quelques momens à perdre; aujourd'hui que récemment échappée à ces temps déplorables, où timide et honteuse comme une prostituée qui attend les passans dans des lieux écartés, pour les inviter à voix basse, elle étoit objet de scandale, si elle laissoit hors des temples apercevoir son existence, elle portera long-temps la marque des fers dont elle a été flétrie; lui confier exclusivement la restauration de la morale, c'est décréditer la morale même, ou du moins en interdire la connoissance à tous ceux qui ont rompu sans retour avec la religion, et qui élèvent leurs enfans dans l'éloignement de ses instructions et la haine de son culte. La religion, autrefois considérée comme le plus riche propriétaire, dépouillée aujourd'hui de ses biens, partagera le mépris qui suit la pauvreté dans une société de propriétaires; elle donnoit des leçons au riche et du pain au pauvre; quand elle n'aura plus que des leçons à donner au pauvre, et qu'elle demandera du pain à tout le monde, toute autorité s'élevera contre la sienne. Le bel-esprit du quartier lui disputera sa mission, et l'homme puissant son influence. Que pourroit-elle faire pour affermir l'Etat, lorsqu'elle ne pourra plus assurer la famille, et qu'au mépris de son enseignement le plus formel et de sa pratique la plus constante, la loi civile permettra peut-être la dissolution du lien conjugal, *et l'homme séparera ce que Dieu a joint?*

Les gouvernemens révolutionnaires, et ils le sont dans beaucoup d'Etats, instrumens aveugles d'une philosophie insensée, ont détruit la souveraineté de la religion, l'autorité de la morale, l'influence d'une bonne éducation, le principe de tout pouvoir, le motif de tout devoir; c'est à une meilleure philosophie, et à des gouvernemens plus éclairés à la rétablir. Des sophistes ont dit que les lois éternelles de la morale étoient gravées au fond des cœurs, et ils ont jugé superflu d'instruire l'enfant à connoître l'auteur de toute morale. Une meilleure philosophie mettra toutes ces vérités sous les sens, et elle en fera à la fois le lait de l'enfance et le pain des forts. L'enseignement en étoit circonscrit dans les temples, et ces lois éternelles ne se lisoient que dans le livre élémentaire du premier âge; des gouvernemens éclairés les feront retentir dans les tribunaux, et les placeront dans le livre même de la nation et le code de ses lois, et ils en feront le complément, et comme le couronnement de l'éducation publique, de cette éducation jusqu'à présent si déplorablement négligée, ou si faussement dirigée, qui menaçoit également la société de tout ce qu'elle enseignoit aux jeunes gens, et de tout ce qu'elle leur laissoit ignorer. C'est principalement à cette partie intéressante de la nation, ou plutôt à cette nation qui nous succède, que je consacre cet ouvrage. On lui apprend beaucoup de choses utiles seulement à l'homme; qu'elle s'instruise de la seule science nécessaire à la société, et qu'à tant de connoissances qui ne donnent que de l'esprit, elle joigne la seule étude qui forme la raison de l'homme social, en lui donnant *la raison* du *pouvoir* et des devoirs. Un auteur célèbre a donné *l'Esprit des Lois*; il est temps de donner ou de rappeler *la raison* des lois, et de chercher moins l'esprit de ce qui est, que la raison de ce qui doit être.

Un jour, les gouvernemens éclairés par leurs erreurs, et sages de leurs fautes, proclameront hautement à la tête de leurs lois ces lois éternelles dans leur principe, primitives dans la date de leur promulgation, fondamentales de tout l'Ordre moral et social, germe fécond de toutes les lois subséquentes, « où se trouvent, dit M. Bossuet, » les premiers principes du culte de Dieu et » de la société humaine »; ces lois, première parole de Dieu, première pensée de l'homme, éternel entretien de la société, et qui seront à l'avenir l'inébranlable fondement de l'édifice de la société, et le frontispice auguste du temple de la législation. Des gouvernemens insensés ont dit à l'homme : « La loi que nous te donnons sera ta seule » morale », et des gouvernemens sages lui diront : « La morale que Dieu t'a donnée sera » ta seule loi ».

Une vaine philosophie a cru, depuis quarante ans, révéler à ses adeptes une vérité inconnue, en leur disant dans le *Contrat social :* « Si le législateur, se trompant dans » son objet, établit un principe différent de » celui qui naît de la nature des choses, l'É» tat ne cessera d'être agité, jusqu'à ce qu'il » soit détruit ou changé, et que l'invincible » nature ait repris son empire »; et la religion, depuis quatre mille ans, faisoit chanter aux plus simples de ses enfans ces paroles, dont le passage qu'on vient de lire n'est que le fastueux commentaire : « Si Dieu » ne bâtit la maison, ceux qui la bâtissent » travaillent en vain (1) ».

Il faut donc placer le souverain législateur à la tête de la législation, et se pénétrer de cette vérité philosophique, et la plus philosophique des vérités : *Que la révolution a commencé par la déclaration des droits de l'homme*, et *qu'elle ne finira que par la déclaration des droits de Dieu.*

---

(1) Pseaume 126.

Écoutez, sur la nécessité de commencer la jurisprudence par la religion et la morale, et de fonder la justice humaine sur la justice divine, le premier publiciste de son temps, et peut-être le plus grand philosophe de tous les temps, le rival de Newton en géométrie, et qui lui étoit si supérieur sur tout le reste. « Il seroit aussi fort utile, dit » Leibnitz, de faire entrer dans un système » de droit naturel les lois parallèles de droit » civil des Romains, et *même celles de* » *droit divin.* Les théologiens et les juris- » consultes pourroient plus aisément faire » usage du droit, au lieu que de la manière » dont ils enseignent cette science, elle con- » siste plus en théorie qu'en pratique, et *on* » *ne l'applique guère aux affaires de la vie* ».

Il s'élève contre les auteurs qui séparoient la jurisprudence de la religion, et il accuse d'athéisme la politique de Pufendorff, pour avoir dit : *Que la fin de la science du droit naturel est renfermée dans les bornes de cette vie.* « Pour avoir, reprend Leib- » nitz, *tronqué la fin* du droit naturel, » il s'est ainsi manifestement engagé à res- » serrer trop son objet. Négliger la consi-

» dération d'une autre vie, qui (par ses » peines et ses récompenses) a une liaison » inséparable avec la Providence divine, et » *se contenter d'un plus bas degré* de droit » naturel, qui peut avoir lieu même par rap- » port à un athée, comme je l'ai fait voir ail- » leurs, c'est priver *la science du droit de* » *sa plus belle partie*, et détruire en même » temps plusieurs devoirs de la vie..... La » philosophie païenne est ici plus sage, plus » sévère, plus sublime que celle de Pufen- » dorff, et je m'étonne que malgré toutes les » lumières de notre siècle, cet homme cé- » lèbre ait pu laisser échapper des paradoxes » aussi absurdes. Les platoniciens, les stoï- » ciens, les poëtes même enseignent qu'il » faut imiter les dieux; qu'on doit leur offrir » un cœur pénétré des sentimens de justice » et d'honnêteté... Les chrétiens laisseront- » ils si fort dégénérer la philosophie, qui a été » si sainte et si noble entre les mains de quel- » ques païens?.... La justice, dit-il ailleurs, » suit certaines règles qui ne sont pas moins » fondées sur la nature immuable des choses, » et dans les idées de l'entendement divin, » que les principes de l'arithmétique et de la

» géométrie. C'est surtout dans l'attente de » la justice divine qu'on trouve la nécessité » pleine et entière et qui ait de la force, par » rapport à tous les hommes, d'observer les » règles de la justice et de l'équité »....... Et telle étoit la foi de ce grand homme, à la nécessité de ces vérités fondamentales du bonheur de la société, dont il annonçoit dès lors la subversion prochaine, qu'après avoir donné dans une de ses lettres « les moyens » d'étendre l'empire de la religion et de la » charité universelles », il finit par ces paroles remarquables : « Si nous étions assez heu» reux pour qu'un grand monarque voulût » un jour prendre à cœur ces moyens, on » avanceroit plus en dix ans pour la gloire » de Dieu et le bonheur du genre humain, » qu'on ne fera autrement en plusieurs siè» cles (1) ».

Mais il ne suffit pas de reconnoître en principe, de proclamer même « que la loi » doit être la volonté de Dieu et la règle de

---

(1) *Monita ad Pufendorffii principia, epist. ad Placcium, ad Bierlingium, ad P. Grimaldum; principia philosophiæ.*

» l'homme », il faut que les lois soient empreintes du sacré caractère de la Divinité. Des peuples ignorans ont pu, sur la foi de leurs chefs, recevoir, comme inspirées par les dieux, des lois fausses et absurdes, et croire à la nymphe de Numa ou aux extases de Mahomet; mais un peuple raisonnable veut voir briller sur le front du législateur qui descend de la montagne sainte avec les tables de la loi, l'auréole mystérieuse qui lui garantit la vérité de ses communications avec la Divinité, et il ne reconnoît pas ce signe auguste dans une législation foible e déréglée, complice de ses passions ou même instigatrice de ses désordres. L'erreur la plus grave des législateurs sophistes, et des sophistes législateurs de notre siècle, est d'avoir été chercher leurs modèles dans un autre monde tout à fait étranger à celui que nous habitons, dans le monde païen, de n'avoir pas vu que l'imperfection, le désordre, disons mieux, la barbarie de la législation grecque et romaine, ne pouvoit convenir à des peuples parvenus à l'âge de raison, et de n'avoir pris en aucune considération tout ce que vingt siècles d'enseignement de la morale épurée du christianisme et de pratique des vertus qu'elle prescrit, avoient mis, même à l'insçu des peuples, de justesse dans leurs idées, de tempérance dans leurs habitudes, de force enfin et de fixité dans leurs principes.

Quelques personnes même éclairées et vertueuses, conviennent de la perfection des lois civiles qui prennent pour base la morale religieuse; mais elles désespèrent de notre raison, et elles ont sans cesse à la bouche ces mots de Solon: « Je n'ai pas donné aux Athéniens » de bonnes lois, mais les meilleures qu'ils » pussent recevoir ». Cette erreur seroit de la plus dangereuse conséquence; et si elle pouvoit être adoptée comme une règle de législation, elle renouvelleroit dans le monde chré-tien, ou elle prolongeroit le scandale donné, il y a trois siècles, par le luthéranisme, d'une société qui, parvenue au terme extrême de la civilisation, revient d'elle-même en arrière, renonce au bien qu'elle connoît, se dégoûte de la perfection même, et retombe dans l'état foible et corrompu dont elle a eu tant de peine à sortir. Les législateurs anciens ne pouvoient pas donner à leurs peuples des lois parfaites, dont ceux-ci n'avoient pas même d'idée. Les philosophes d'alors s'élevoient contre les abus du divorce; mais nous ne voyons nulle part qu'ils se soient élevés contre le divorce lui-même, comme contre le plus grand des abus; et les plus graves personnages de l'antiquité obéissoient à toutes lès extravagances du culte idolâtre, et à toutes les barbaries de la politique païenne. Il falloit un autre législateur pour dire aux hommes, au temps de la plus effroyable corruption, *soyez parfaits*, et pour leur donner la force de le devenir, en rejetant de la société toutes ces lois imparfaites, atroces, infâmes, qui déshonoroient la législation païenne. Aussi ce législateur donnoit pour preuve de sa mission à ceux qui l'interrogeoient, qu'il avoit redressé les boiteux, fait entendre les sourds, et voir les aveugles; et ces législateurs qui, prenant pour guide la foiblesse incurable de nos penchans, plutôt que la force toujours croissante de notre raison et de nos lumières, veulent ramener des nations *qui ont goûté le don céleste* à l'ignorance et à l'infirmité du premier âge, pourront un jour répondre à la postérité, qui leur demandera compte de l'usage qu'ils ont fait de leur pouvoir, qu'ils ont ôté la lumière à des peuples qui l'avoient reçue, rendu sourds à la vérité des hommes qui l'avoient entendue, et fait boiter dans les voies de la sagesse, des nations qui depuis long-temps y marchoient d'un pas sûr. Au lieu donc de prendre pour règle de la législation cet adage, *que le mieux est l'ennemi du bien*, fondé sur un sophisme, qui consiste à appeler *mieux* en lui-même ce qui paroît mieux à l'homme, et qui souvent est mal, il faut appliquer à l'art des lois ce qui a été dit de l'art des vers,

« Qui ne vole au sommet, tombe au plus bas degré ».

parce qu'à la plus extrême corruption des mœurs, il faut opposer la plus grande perfection des lois, et placer la rectitude absolue dans la règle universelle.

Et qu'on ne dise pas qu'il faut des lois différentes selon les différens climats; car c'est en vain qu'on voudroit réchauffer une erreur décréditée du vivant même de ses plus zélés partisans. Le climat peut influer sur les habitudes physiques ou les manières; les mœurs ne sont jamais que le résultat des lois, comme les lois deviennent le résultat des mœurs. Ce n'est pas parce que les hommes sont blancs ou noirs, qu'ils vont nus ou vêtus, qu'ils se nourrissent de fruits ou des produits de leur chasse, qu'ils habitent sous terre ou qu'ils couchent à l'air, qu'il leur faut des lois; mais parce qu'ils sont ambitieux, avares, voluptueux, féroces : or, ces passions, partout originellement les mêmes, vivent sous les glaces du pôle comme sous les feux de l'équateur. Le Cosaque *Pugatschew* étoit ambitieux comme l'Italien *Mazzaniello;* le Lapon qui vend ses peaux de renne, est cupide comme l'Asiatique qui pèse ses perles; et la fièvre d'amour consume le Kamtschadale comme l'Africain. Mais si l'homme partout naît avec les mêmes passions, la société accroît leur violence en proposant plus d'objets à leurs désirs. Ainsi il y aura plus d'ambition là où il y aura moins de fixité dans le pouvoir; plus de cupidité là où il y aura plus de commerce; plus de volupté là où les arts seront moins retenus; et il y a de quoi trembler de voir tous les gouvernemens chrétiens, livrés au même esprit de vertige, favoriser à la fois, et même exclusivement, et les doctrines populaires

pulaires en politique, la fureur du commerce, le luxe des arts, et augmenter ainsi la somme des passions, des maux et des forfaits, en même temps qu'ils laissent détendre le ressort de la religion, et qu'ils affoiblissent eux-mêmes leurs lois civiles et politiques.

Et voyez ce qui résulte de cette législation foible, et propre tout au plus à un peuple enfant. On porte dans la morale l'indulgence de Solon, et bientôt il faut porter la rigueur de Dracon dans la police. On a fait d'une *liberté* illimitée et jamais définie, l'attribut primitif de l'homme et la première loi de la société, et l'on ne peut aujourd'hui réprimer le vagabondage qu'avec les lois les plus sévères, et, puisqu'il faut le dire, les plus dures sur les passe-ports. L'homme n'est plus attaché à la glèbe, et il est, ou peu s'en faut, attaché à sa commune. On a fait de *l'égalité* l'essence même de l'homme, et la pierre angulaire de l'édifice social, et l'on ne peut contenir le brigandage qu'avec des tribunaux de commission les plus redoutables, et l'autorité est forcée d'employer, pour la sûreté publique, ces formes extraordinaires dont la tyrannie a si souvent abusé. On n'a parlé au citoyen que de sa dignité, et même de sa souveraineté; et la police intérieure est une guerre savante que le gouvernement, pour l'intérêt du citoyen, est obligé de lui faire avec une armée de soldats et d'*éclaireurs*. En même temps que l'on pose en principe la dissolubilité du lien conjugal, les discussions qui ont eu lieu au conseil d'Etat annoncent des peines plus sévères contre l'adultère. Ces lois, quelque dures qu'elles paroissent, sont absolument nécessaires, parce qu'il faut que la loi civile atteigne toutes les actions, lorsque la loi morale ou religieuse ne peut plus diriger les volontés. Dans le rapport sur le nouveau code de commerce, la commission s'excusant d'avoir ajouté à la rigueur et à la précision des ordonnances de 1673 et de 1681 sur le fait du commerce, est forcée de convenir que « les circonstances exigeoient la révision de » ces belles ordonnances...... Le temps » avoit amené de nouveaux abus, et la révo- » lution précipita la ruine du commerce par » celle du crédit et des mœurs. Les banque- » routes furent une spéculation, et le crime

» une science. *Des lois sévères en tout gen-*
» *re, doivent plus que jamais être oppo-*
» *sées aux passions, comme des digues*
» *plus fortes aux torrens plus rapides* ».

Déjà l'on est obligé de prolonger la peine de mort; le gouvernement a senti la nécessité de rétablir celle de *la marque* : encore quelques années, et peut-être on sera forcé de revenir à la question après condamnation à mort. Naguère nous avons vu, dans des rapports d'autorités supérieures, des termes inouis pour exprimer de nouveaux attentats, une horrible conspiration attaquer l'homme qui n'est pas encore, et la mort devancer même la vie. Et lorsqu'une législation morale plus forte et plus austère permettroit d'alléger un jour le joug de la législation civile (car c'est l'esprit de l'Evangile qui avoit en Europe fait tomber en désuétude les peines trop cruelles, et particulièrement celles contre l'adultère, si rigoureusement puni chez les peuples naissans), on s'exposeroit, en affoiblissant le frein puissant de la morale, à être forcé d'aggraver de plus en plus nos chaînes, et l'on feroit d'un peuple chrétien un peuple à la fois craintif et licencieux, tout semblable au peuple juif, qui liroit dans la loi, et non dans sa conscience, pour ne faire que ce qui est positivement ordonné, et n'éviter que ce qui est expressément défendu; un peuple chez qui les tribunaux de l'Etat seroient occupés à proportion que les tribunaux de la religion seroient déserts, et qui, délivré de la croyance des peines d'une autre vie, ne pourroit être contenu que par la crainte toujours présente des supplices de celle-ci.

Mais où se trouvent, demandent les philosophes modernes, ces lois éternelles, fondamentales de toute législation civile et criminelle, dont vous demandez la solennelle promulgation? Elles se trouvent partout; partout où l'on aperçoit quelque vestige de société, et des traditions immémoriales transmises de génération en génération, en ont conservé quelques traces, là où un texte *écrit* n'en a pas préservé le souvenir d'altération (1). C'est un livre dont on trouve

(1) Les recherches de la société littéraire, que les Anglais ont formée à Calcutta, dans le Bengale, ne laissent aucun doute sur l'identité des traditions in-

chez les peuples même les plus barbares, des feuillets épars et à demi-déchirés. Ainsi, chez les païens qui adorent une multitude de dieux, et chez le nègre qui se prosterne devant son fétiche, on retrouve une connoissance confuse de cet article de la loi, *tu adoreras un seul Dieu.* La loi du culte, ou de la sanctification du jour de repos, s'aperçoit dans tous les Etats, et tous, la France révolutionnaire exceptée, l'ont fixé au septième jour. L'homme croit *honorer son père*, là même où il le tue par compassion pour sa vieillesse, et pour le délivrer des misères de la caducité (1). Les Romains, qui réduisoient des peuples entiers en esclavage, qui dévastoient d'immenses contrées, et permet-

diennes et des traditions juives, tandis que les découvertes faites dans les antiquités mythologiques des peuples septentrionaux établissent la même vérité pour l'autre extrémité de l'Univers.

(1) Dans le Taprobane, selon Diodore; à Sardes, en Lydie, selon Elien., et chez plusieurs races de sauvages, selon nos voyageurs. Voyez un détail de ces horribles lois dans un discours de Barbeyrac *sur la permission des lois*, imprimé à la suite des *Devoirs de l'Homme et du Citoyen*, de Sam. Pufendorff.

toient le meurtre de l'enfant et de l'esclave; les Romains, chez qui l'homicide étoit même l'amusement public et légal des personnages les plus graves, du sexe le plus foible, de l'âge le plus innocent; les Romains interdisoient le vol et l'assassinat, et ils poussoient leur orgueilleuse humanité jusqu'à défendre de battre de verges un citoyen. Chez les Grecs eux-mêmes, les plus licencieux des peuples, la loi qui soumettoit le divorce mutuel à des formes judiciaires, étoit un hommage rendu à la loi, qui défend de désirer la femme de son prochain. Jusque dans les sacrifices de sang humain offerts chez tous les peuples idolâtres, dans le sacrifice de la pudeur de leurs filles, que les Grecs vouoient à Vénus, on retrouve la loi du culte ou de la *sanctification*, et le *sacrifice de l'homme*, l'acte le plus solennel de la religion, et le premier devoir de la société. Mais tous ces peuples corrompus ou imparfaits, anciens ou modernes, dont l'éducation ne fut jamais achevée, ou dont les connoissances sont encore si peu avancées, tantôt, comme les Grecs et les Romains, ont passé d'une jeunesse orageuse et brillante à la décrépitude de la vieillesse, sans parvenir à l'âge de la raison et de la virilité, et ont fini dans la servitude ou l'anarchie; tantôt, comme les *infidèles* modernes, idolâtres ou musulmans, ne sortent de leur longue enfance qu'à la voix de la raison qui leur apprend tout, et même à vivre. Je ne vois dans l'Univers que deux peuples, ou plutôt deux sociétés, l'une ancienne, et qui, à juger de l'avenir par le passé, et même par le présent, subsistera jusqu'à la fin des temps, « et dont les mœurs, les lois et les » rites, dit J.-J. Rousseau, dureront autant » que le monde, malgré la haine et la per- » sécution du genre humain »; l'autre plus moderne, et dont la législation remonte nécessairement à la naissance de l'Univers, car les rapports naturels des êtres qui en sont la base, ont existé aussitôt que les êtres eux-mêmes; l'une esclave chez tous les peuples, et portant des marques visibles d'une grande et mémorable infortune; l'autre souveraine de tous les peuples, étendant sur eux la domination de sa force, de ses arts, de sa politique, de sa religion, et annonçant dans la force de sa raison et dans l'éclat de ses lumières, l'incontestable grandeur de ses destinées; l'une arrêtée dans sa marche, et telle aujourd'hui qu'elle étoit il y a cinq mille ans; l'autre illimitée dans ses progrès, et plus forte aujourd'hui qu'elle ne l'a jamais été (1); l'une douée de la plus grande force de résistance, l'autre de la plus grande force d'expansion; le juif enfin et le chrétien, frères divisés sur la possession de l'héritage paternel, et qui, chacun, invoquent en leur faveur un *testament* du père commun.

Or, où se trouve la force, là se trouve la raison; car la raison est, dans la société comme dans l'homme, le seul principe de la force durable et continue, bien différente de cette violence passagère, commune à tous les peuples enfans. Mais la raison d'une société est dans sa législation : la société la plus forte a donc nécessairement la meilleure et la plus parfaite législation; et je retrouve chez le juif et chez le chrétien, le texte entier de cette législation primitive et générale où

---

(1) On en peut juger, en s'imaginant ce que seroit de nos jours une croisade des chrétiens contre les Turcs, faite avec le zèle religieux du douzième siècle, et les moyens militaires du nôtre.

tous les peuples ont puisé leur législation locale et subséquente; ces axiomes de législation révélés par Dieu, entendus par l'homme, développés dans la société; je les trouve dans le livre célèbre que les juifs et les chrétiens gardent chacun de leur côté, et dans des motifs bien différens; ce livre, matériellement le plus ancien qui nous soit connu, modèle le plus parfait de toute vérité dans la pensée, de toute élévation dans le sentiment, de toute sublimité dans l'expression.

Que sont auprès de ces grands motifs, de ces preuves sociales de la vérité des livres sacrés, les élucubrations de la critique sur leur authenticité matérielle? Qu'on me montre des sociétés aussi fortes en tout genre que la judaïque et la chrétienne, et je croirai à la divinité de leur législation. Sera-ce le Chinois, le plus-nombreux et le plus foible des peuples, qui se multiplie par la polygamie, et se consomme par l'infanticide, dont les troupes innombrables n'ont pu résister, même avec de l'artillerie, à quelques hordes armées de flèches; qui, même avec l'imprimerie, et 80 mille caractères, artiste sans instrument, n'a pu encore se faire une langue commune, que la nation puisse parler, et que l'étranger puisse apprendre ; qui, avec quelque connoissance de nos arts, et la vue habituelle de notre industrie, n'a pas fait un pas hors du cercle étroit d'une routine de plusieurs mille ans; peuple endormi dans les ombres de la mort, où le germe de la vie, déposé depuis quelques siècles, n'a pu encore porter des fruits; cupide, vil, corrompu, et d'un esprit si tardif, qu'un célèbre missionnaire écrivoit, « qu'un Chinois n'étoit pas capable de suivre dans un mois, ce qu'un François pouvoit lui dire dans une heure »?

Mais vous, qui vous croyez dégagés de préjugés, quand vous n'êtes que vides d'idées et de connoissances, qui pensez physique et qui parlez morale, vous dont quelques faits consignés dans ces augustes archives de la société épouvantent la foi, et qui rejettez ce que vous n'avez pas la force de porter, foibles esprits, élevez plus haut vos pensées, élargissez l'étroite enceinte où quelques sophistes ont circonscrit votre raison, et embrassez le système entier du peuple Juif, de ce peuple figure, modèle, exemple, prophète pour tous les peuples; législateur de la société dans son code, historien de la société dans ses annales; voyez dans les faits racontés de ce peuple les faits prédits et prévus des autres nations; observez dans sa sortie d'Egypte, *de la maison de servitude*, et dans ses efforts pour arriver à la terre promise, le *passage* de tout peuple de l'état servile et précaire de la barbarie à la dignité de la civilisation, comme la religion nous enseigne à y voir le *passage* de tout homme de l'esclavage du vice à la liberté de la vertu. Vous ne voulez pas des *figures* religieuses que les siècles passés y ont révérées; croyez au moins aux figures politiques que la marche des âges et l'état présent de la société vous révèlent. Vous refusez d'ajouter foi à ce que ces livres mystérieux vous disent de l'histoire du commencement des temps; admirez la prescience divine qui y a caché l'histoire de la fin des temps; et dans la vie domestique, politique et religieuse d'une seule société, lisez les traits divers et épars dans toutes les histoires, de la vie sociale de tous les peuples (1).

(1) Je suppose l'histoire sacrée familière à mes lecteurs. « Il est impossible, dit Leibnitz, de con-

Et cependant, de peur que vous ne soyez tentés de regarder ce peuple figuratif avec son histoire merveilleuse comme une pure allégorie, admirez-le présent partout, et sous vos yeux, dans un état de société bien plus merveilleux que son histoire (1).

Voyez le peuple hébreu commencer par l'état pasteur, nomade, quelquefois polygame de la société patriarcale, hospitalière envers l'étranger et le voyageur, étrangère elle-même et voyageuse sur la terre qu'elle parcourt; et vous reconnoîtrez encore aujourd'hui à ces traits la famille du Tartare, errante dans ses vastes pâturages,

---

» vaincre de la vérité de la religion des hommes à » qui notre histoire sacrée et profane n'est pas assez » connue ».

(1) Le peuple juif étoit la figure vivante des autres peuples, comme Isaïe et Ezéchiel, faisant au milieu de Jérusalem des actions extraordinaires, étoient pour les Juifs une figure vivante des événemens qui devoient leur arriver. Il y a des allégories de mots ou des apologues, et des allégories d'action, ou des figures. Ce roi qui abattoit des têtes de pavot pour apprendre à un autre ce qu'il devoit faire, faisoit une *figure*, ou une allégorie d'action.

avec ses femmes, ses enfans et ses troupeaux. Les familles se multiplient et deviennent un peuple; elles tombent sous la dépendance d'une nation voisine, et sont condamnées aux durs travaux de la servitude, à ces travaux qu'attestent encore, selon l'opinion de quelques savans, les monumens gigantesques épars dans la Haute-Egypte. Ouvrez l'histoire, et voyez tout peuple devenu nombreux tomber sous la domination de ses voisins, tant qu'il s'obstine à rester dans l'état domestique, et qu'il ne se constitue pas un gouvernement public qui soit à lui, et voyez le joug s'aggraver, si, trop différent de mœurs et de religion, il ne peut se confondre avec ses maîtres par des alliances; et vous reconnoîtrez à ces traits ces peuples de Grèce esclaves d'autres peuples, Ilotes, Periéciens, Pénestes; vous y retrouverez les Gabaonites chez les Hébreux, les Nègres dans nos colonies, les Indiens au Mexique, les Grecs chez les Turcs, les Juifs modernes partout. Poursuivez, et dans ces malheureux Hébreux, qui fatiguent leurs oppresseurs de leur population toujours croissante, et qui sont condamnés à exposer leurs enfans, vous retrouvez l'horrible dégénération à laquelle se sont condamnés eux-mêmes tous les peuples païens, anciens et modernes, qui ont permis l'infanticide comme un remède à un accroissement excessif (1). C'est le dernier degré de l'oppression, et une société ne sauroit descendre plus bas. Mais elle ne peut s'y fixer. Le mal n'est, pour la société comme pour l'homme, qu'un état de *passage*, où un peuple tout entier, *toujours ceint et toujours debout*, n'attend que le signal pour avancer. Il le reçoit d'un homme *sauvé* lui-même de l'oppression et de l'ignorance qui pèse sur sa nation, instruit dans la science de Dieu et dans celle des rois, dans l'art de la religion et du gouvernement, et revêtu de l'auguste ministère de former une société. Et n'est-ce pas des hommes d'un grand caractère de politique et de religion, qui, dans tous les temps, ont arraché les peuples à l'ignorance, à l'erreur, à l'oppression, à travers *la mer de sang* des

(1) Les Chinois noient leurs enfans et les sacrifient, selon lord Macartney, *à l'esprit du fleuve*. Ce sont à la lettre des victimes immolées à la divinité.

révolutions et des guerres civiles ou étrangères? Et n'est-ce pas encore des hommes brûlant de zèle, pleins de science et de courage, qui, tous les jours, vont à travers les mers, instruire les peuples barbares, qui se mettent en marche sous leur conduite, laissant derrière eux l'ignorance et les erreurs de leur premier état, *quittent la maison de servitude*, et avancent vers la *terre* de lumière et de raison *promise* à tous les peuples. C'est dans cette terre que tout se perfectionne, même les arts, et surtout le premier de tous, l'agriculture, et jusqu'aux productions de la nature (1); c'est là pour un peuple *l'ère du passage*, du passage de l'état barbare à l'état civilisé; ère la plus remarquable de l'histoire de toutes les nations, comme le *passage* du vice à la vertu est l'époque la plus heureuse de la vie de l'homme. Mais un peuple échappé à la barbarie, aux fléaux sans nombre qu'elle produit, et aux obstacles qu'elle oppose, erre long-temps dans le

(1) On se rappelle ces belles productions du sol, que les Hébreux, envoyés par Josué, rapportèrent de la terre promise.

désert, dans cet état incertain et inquiet d'une raison foible et naissante, qui succède à une longue enfance, et aux désordres produits par une ignorance invétérée. Il avance cependant, toujours plus voisin de la licence que de la liberté, terrible à ses chefs, incommode à lui-même, indocile au frein, sans force contre les revers, et dans les travaux de la civilisation, regrettant les jouissances de l'esclavage : il s'élève, il se forme sous la tente, où « commencent ou » recommencent toutes les nations, et même » celles qui ont fini dans les boudoirs et sur » les théâtres » ; toujours armé et toujours combattant, marchant entre ses nouvelles lumières et les ténèbres de son ancienne ignorance, subsistant d'une manière précaire, et comme nourri de la *manne* qui tombe (1), sans aucun de ces moyens ou de ces ressources qu'emploie la sagesse d'une administration éclairée pour prévenir ou satisfaire les besoins d'un grand peuple.

Mais à l'état d'une nation qui commence

(1) De là les famines si fréquentes dans les premiers âges des nations.

sous les ordres de l'homme qui la conduit, doit succéder l'état légal, celui où une nation se constitue, et où tous, chefs et sujets, reconnoissent des lois. Le peuple est établi sur le territoire qu'il a conquis; il a posé les armes; les maux de la guerre se sont éloignés; mais les maux de la paix commencent, *le culte des faux dieux*, des dieux de la volupté et de la cupidité, de ces dieux que fait la corruption de l'esprit et du cœur. Ce peuple miraculeusement échappé à l'état le plus malheureux, a déjà oublié ce qu'il a vu et ce qu'il a souffert. Livré à la mollesse, en attendant des lois sévères, *il s'asseoit pour manger et pour boire, et se lève pour jouer* (1). Et même lorsque le législateur descend de la montagne sainte avec les tables de la loi, il entend retentir dans le camp les chants de la débauche, et il voit tout un peuple prosterné *devant le veau d'or*. Ici les applications se présentent en foule; mais continuons. La religion se constitue

(1) Exode, 32. Besoins et plaisirs, c'est le *panem et circenses* des républiques païennes, et le seul soin de tout peuple qui n'a pas encore de lois.

comme le gouvernement : née aussitôt que l'homme, elle avoit voyagé avec la famille au milieu de ses enfans et de ses troupeaux, et séjourné, comme elle, dans la cabane du pasteur; elle avoit erré dans le désert avec la nation, et comme elle habité sous la tente du combat; elle se pose avec l'Etat; les personnes publiques, chef, ministres, sujets, les propriétés publiques de l'une et de l'autre société se distinguent et s'établissent; le pouvoir religieux s'unit inséparablement au pouvoir politique, et *Moïse est frère d'Aaron*. Les arts *empruntés* d'Egypte, parce qu'un peuple barbare dans ses lois, peut être poli dans ses arts, sont consacrés à la religion. Des chefs sous divers noms, et même du sexe le plus foible, précèdent l'hérédité du pouvoir, dont les chances quelquefois fâcheuses conviennent moins à une société naissante et encore mal affermie. L'hérédité vient à son tour, dernier état, état le plus fixe de toute nation. Alors la religion s'asseoit dans un temple, et la royauté dans un palais. C'est là l'histoire de tous les peuples qui se civilisent; mais admirez ce dernier trait, et voyez dans l'histoire des trois premiers règnes de la première race des rois Hébreux (1), l'histoire entière des races les plus longues des rois de tous les peuples. David (2), le roi *digne d'être aimé*, le roi religieux, éloquent et valeureux, commence ; Salomon, le roi *pacifique* et fastueux, le suit ; et avec lui commencent les dépenses immodérées, les impôts excessifs, l'empire des femmes, *le culte des dieux étrangers*, peut-être l'abus des sciences humaines. *Roboam*, le roi *qui lâche le peuple*, le roi foible lui succède. Il recueille l'héritage

(1) Saül (en hébreu, qui est demandé), mort sans postérité, n'appartient à aucune race. Le gouvernement des Hébreux a toujours été monarchique, s'il n'a pas toujours été royal, ou héréditaire. C'est ce qui fait qu'il est dit à la fin du livre des Juges, pour exprimer le désordre : « En ce temps-là, il n'y avoit point de » chef en Israël, et chacun faisoit ce qui lui sembloit » bon ».

(2) David, en hébreu, veut dire *aimable*; Salomon, *pacifique* ; Roboam, *qui lâche le peuple*. On sait que Salomon étoit très-instruit dans les sciences humaines ; et son nom, comme celui d'*Hiram*, son ami, joue encore un grand rôle dans les sciences cabalistiques et les sociétés occultes.

de l'adultère et de l'impiété, et il est puni des fautes de son père, et de celles de son aïeul. Des conseillers sans expérience égarent sa jeunesse; le peuple se révolte; *les dix dernières tribus se séparent des deux premières ;* la révolution est consommée..... L'Hébreu sera amené en captivité : ainsi tout peuple divisé déchoit de l'indépendance, asservi par ses voisins, ou dominé par des tyrans; l'Hébreu cependant revient d'esclavage, et relève, malgré les ennemis de son culte, le temple du vrai Dieu sur ses antiques fondemens.... Ici le rideau se tire, les rois et les peuples en savent assez sur leurs destinées. Le peuple Hébreu rentre dans l'ordre général des sociétés, et son histoire cesse d'être extraordinaire, à l'instant qu'elle cesse d'être prophétique.

Que sont, j'ose le demander, auprès de ces mémorables leçons, de ces sublimes considérations, qui vivifient la pensée comme l'imagination; que sont ces tristes objections contre la révélation mosaïque, ces difficultés que l'on croit sérieuses, parce qu'elles sont étranges, et savantes, parce qu'elles forment de gros livres; ces objections, que les uns vont chercher dans les entrailles de la terre, les autres dans la région des étoiles? Que sont tous ces calculs astronomiques dont on nous menace, faits à Paris, et importés d'Egypte? N'avons-nous pas vu les antiquités chinoises réduites de quelques mille ans, et ce peuple rentrer dans la chronologie de tous les peuples? Ignorons-nous donc ce que les géologues peuvent faire avec leurs couches de terre, les chronologistes avec leurs dynasties, les astronomes avec leurs périodes? Et n'y a-t-il pas des géologues, des historiens et des astronomes qui tirent des mêmes observations des inductions tout opposées (1)? Les philosophes ne veulent

---

(1) M. *De Luc*, célèbre professeur de Gottingue, qui a donné dans ses *Lettres géologiques* un commentaire physique des livres de la Genèse; l'abbé *Guerin du Rocher*, qui, dans son ingénieuse *Histoire véritable des temps fabuleux*, a réduit à leur juste valeur les prétendues dynasties des rois d'Egypte. Quant à l'astronomie, voici une note curieuse, qui se trouve dans les *Recherches sur le Christianisme*, de *Ch. Bonnet*, de Genève : « On sait que les prophéties de Da» niel sont celles qui exercent le plus la sagacité et le » savoir des plus habiles interprètes, je pourrois ajou-

pas que Dieu ait parlé aux hommes, afin de leur parler eux-mêmes; on le sait : mais ne leur ont-ils pas assez parlé? et après tout ce que nous avons vu et entendu, leur reste-t-il encore quelque chose à nous apprendre? Le livre des *Ruines* doit-il être l'unique fondement de toutes nos connoissances morales? le

---

» ter, des plus profonds astronomes; car j'en connois » un dont je regretterai toujours la mort prématurée, » qui avoit fait dans ces admirables prophéties des dé» couvertes astronomiques, qui avoient étonné deux » des premiers astronomes de notre siècle, MM. *de* » *Mairan* et *Cassini*. Je parle de feu M. *de Cheseaux*, » mort à trente-trois ans, en 1751, et dont les rares » et nombreuses connoissances étoient relevées par » une modestie, une candeur et une piété plus rares » encore. Voyez l'avertissement de ses *Mémoires pos-* » *thumes sur divers sujets d'astronomie et de mathé-* » *matique* : Lausanne, 1754, in-4°.; ouvrage profond, » très-peu connu, et si digne de l'être; mais qui ne » sauroit être entendu que des savans les plus ini» tiés dans les secrets de la haute astronomie. *Il n'y a* » *pas moyen de disconvenir des vérités et des décou-* » *vertes qui sont prouvées dans votre dissertation*, » écrivoit l'illustre *Mairan* au jeune astronome; *mais* » *je ne puis comprendre pourquoi et comment elles* » *sont aussi renfermées dans l'Ecriture sainte* ».

roman de J.-J. Rousseau, ou le poëme de Voltaire, la seule règle de nos mœurs? n'est-on pas las de combattre une religion qui renaît même de la révolution française, *de frapper une enclume qui a usé tant de marteaux*, et même ceux du temps et du bel-esprit? Revenons aux lois générales, dont cette digression nous a écartés (1).

---

(1) Aujourd'hui, la grande objection contre la religion chrétienne, est que les hommes n'ont jamais rendu de culte qu'au soleil. Mais si les hommes adoroient le soleil, ils croyoient donc quelque chose digne d'être adoré, comme un enfant, qui a peur d'un masque, croit qu'il y a quelque chose qu'on peut craindre. Les hommes avoient donc une idée de la Divinité, dont ils faisoient une fausse application : car une idée est toujours vraie, et ne pèche que faute d'être complète. Dieu est donc le soleil, suivant ces nouveaux interprètes; les apôtres sont les signes du zodiaque, la sainte Vierge est la constellation de la vierge, Adam celle du bouvier, la fête de Pâques l'entrée du soleil au signe du belier, etc., etc. Sans doute il y a des analogies entre le monde moral et le monde physique, qui sont le principe de tout style figuré et métaphorique (et tout style est figuré); c'est un des grands mystères de l'Univers, et sur lequel il y a le plus à découvrir. Mais je tremble qu'il s'élève un jour un historien

Mais ces lois générales, axiomes de la science de la législation, ont besoin d'être

---

qui, rapprochant des attributs du soleil tout ce que les contemporains ont dit de l'éclat, de la force, de la vigueur du règne de Charlemagne, de cette puissance éclairée qui dicta des lois au monde policé, ne soutienne que Charlemagne n'est que le soleil de la fable: il verra dans les courses rapides de ce prince d'un bout de l'Europe à l'autre, la marche du soleil autour du globe; le temple du soleil, dans le beau palais d'Aix-la-Chapelle; son éloignement des peuples polaires dans la guerre que Charlemagne fit aux peuples du nord; les douze signes du zodiaque, dans les douze pairs de la table-ronde; l'entrée du soleil aux quatre saisons de l'année dans les parlemens solennels tenus aux quatre grandes fêtes; Louis-le-Débonnaire qui ruine l'empire de son père, sera Phaëton qui veut conduire le char de Phébus, et qui embrase l'Univers; les évêques rebelles seront les chevaux fougueux; quelque érudit ne manquera pas de trouver entre leurs noms des rapprochemens péremptoires: même dans quelques mille ans, les distances disparoîtront, et l'on mettra sur le compte de Charlemagne le soleil, emblème de Louis XIV; et pourvu que l'auteur de ce système ait soin de le faire un peu moins long que le système *in-folio* dont je veux parler, il paroîtra beaucoup plus vraisemblable. L'*Histoire de France* tout entière ne sera plus alors qu'un tissu de fables renouvelées de la mythologie développées dans les lois particulières qui en sont les conséquences. Les sociétés juive et chrétienne, qui ont le mieux connu toutes les lois générales, sont les plus fortes des sociétés du monde ; mais parmi les sociétés chrétiennes, celles chez qui les lois particulières sont les conséquences les plus naturelles des lois générales, sont les plus fortes des sociétés, de cette force de conservation ou de restauration qui tire une société même des plus extrêmes malheurs : là seulement est la raison de l'incontestable supériorité de certaines sociétés religieuses et politiques sur toutes les autres ; en sorte que la société la plus éclairée, et conséquemment la plus forte, sera, toutes choses égales, celle dont la législation particulière sera le plus et le mieux en harmonie avec la législation générale, comme l'homme le plus vertueux est celui dont les actions individuelles sont le plus conformes aux principes de l'ordre général, comme le savant le

---

païenne, imaginées par des imposteurs, et adoptées par des imbécilles ; et nous aurons *l'Origine des Gouvernemens*, qui fera le pendant de *l'Origine des Cultes*.

plus instruit en géométrie est celui qui a porté le plus loin les conséquences des premiers principes de cette science.

Ces conséquences sont prochaines ou éloignées, morales ou physiques, comme les personnes et leurs rapports. Les hommes sont dans la société père ou fils, époux ou épouse, chef, ministres, sujets : ce sont là les personnes sociales ou morales, avec leurs rapports et leurs lois. Les hommes sont encore propriétaires de biens meubles ou immeubles; ils habitent la ville ou les campagnes; ils sont plaideurs ou soldats, laboureurs ou commerçans, bons même ou méchans, comme ils sont poëtes ou peintres, maçons ou tailleurs, etc.; et comme chacun de ces arts a ses règles spéciales, chacune de ces professions ou de ces états a ses lois particulières, que l'on appelle *ordonnances* : de là les ordonnances judiciaires et militaires, civiles et criminelles, municipales et coloniales, rurales et commerciales, etc.

Si tous les citoyens, absolument tous, sont père ou fils, époux ou épouse, ministres ou sujets; c'est-à-dire, si tous les citoyens sont entre eux dans des rapports moraux, ils doivent donc tous connoître les lois morales qui fixent les rapports des hommes entre eux comme membres de la famille, des familles entre elles comme membres des Etats, des Etats entre eux comme membres de la société universelle du christianisme, qui comprend le genre humain; car toutes les nations appartiennent actuellement ou éventuellement au christianisme. Mais chaque citoyen exerce une profession particulière; il doit donc apprendre encore les ordonnances particulières à sa profession: et il en sera alors de la législation comme il en est du langage, qui a des règles générales, communes à la syntaxe de tous les peuples, et des règles spéciales, particulières à la grammaire de chaque peuple; et il y a aussi dans chaque société une langue courante, commune à tous les citoyens, et une langue *technique*, particulière à chaque profession; car la langue du peintre n'est pas celle du matelot, et la langue du jurisconsulte n'est pas celle du guerrier.

C'est, j'ose le dire, sous cet aspect général qu'il faut considérer la législation d'un grand peuple. Ces lois générales, développées dans leur application, doivent être le livre de tous les citoyens, le premier entretien de la raison de l'homme, et le complément de son éducation. C'est à la France à en offrir à l'Europe le modèle, puisqu'elle est la seule qui trouve dans des circonstances, inouies jusqu'à nos jours, la nécessité de se créer un système entier de lois, et les moyens de le perfectionner. Nous avons vu toutes les erreurs de législation, et nous en connoissons tous les principes. Nous avons vu la législation de Dieu et la législation de l'homme, la législation de la raison éternelle et celle de nos petites passions; la doctrine du christianisme et celle du philosophisme; et nous sommes capables de tout recevoir, puisque nous avons été capables de tout endurer.

C'est cet essai de législation morale que je présente au public, non comme un modèle à suivre et un plan achevé, mais comme une esquisse de ce grand ouvrage, et des jalons sur une route que d'autres parcourront avec plus de talent, de connoissances et de bonheur. Ce sont moins les connoissances qui nous manquent, que le courage d'en faire usage. Depuis si long-temps nous sommes accoutumés à ne penser qu'en troupe, à ne parler qu'en public, à ne rédiger des lois qu'en comité, à ne les discuter qu'à la tribune, à ne les porter qu'à la pluralité des voix, que les hommes qui ont le plus de talent et de connoissances, ont peur dès qu'ils sont seuls, et n'osent faire un pas sans je ne sais quel bruit, souvent imaginaire, qu'ils appellent l'*opinion publique* : comme s'il pouvoit y avoir une autre opinion publique que celle de la vérité, véritable opinion publique, puisqu'elle embrasse tous les temps et tous les lieux, et qu'elle doit régler tous les hommes!

Qu'on ne s'étonne pas si j'ai parlé dans ce projet des pères, des mères, des enfans, des domestiques, des compagnons ouvriers, etc. Ceux qui ont détruit en France les mœurs par le motif qu'elle n'avoit pas de lois écrites, nous ont imposé la nécessité de tout écrire, et même les mœurs. Dans les commencemens de la société, les lois de la famille forment, en se développant, les lois de l'Etat, qui sort de la famille comme un arbre du germe qui le recèle; sur la fin de la société, l'Etat doit former par ses lois les mœurs ou les lois de la famille, parce que les familles ne peuvent plus se conserver sans l'Etat ni hors de l'Etat. Ainsi le gland produit le chêne, et le chêne à son tour reproduit des glands.

L'Europe a cessé de nous combattre, et elle va nous juger. Jusqu'à présent occupée de ses propres revers, elle a à peine arrêté ses regards sur le prodige d'une nation où une partie nombreuse des citoyens est constamment assemblée depuis tant d'années pour donner des lois à l'autre partie; où ces législateurs se remplaçant les uns les autres par des renouvellemens périodiques, ou se déplaçant par des secousses irrégulières, entretiennent sans interruption cette législation permanente, comme ces machines destinées à élever de l'eau pour les besoins de nos cités. L'Europe admirera comment après tant de temps, de législateurs et de lois, la nation la plus avancée dans les arts de l'esprit, une nation de trente millions d'hommes et de Français, a pu après douze ans, telle que les hommes de Deucalion et de Cadmus, attendre encore un code civil, un code criminel, un code même religieux, n'avoir des peines capitales que provisoirement, ignorer encore si le lien même de la famille sera respecté ; moins avancée dans sa législation au quatorzième siècle de son âge, et après tant de *législatures*, qu'une peuplade qui sort de ses forêts, et qui a des usages fixes et des coutumes qu'il ne faut que rédiger.

N'en doutons pas ; les peuples étrangers qui ne connoissent encore que l'histoire de nos expéditions militaires, reliront dans le loisir de la paix, et sans doute avec la malignité de la haine, l'histoire de nos expéditions législatives, et le mépris que nos folies passées leur inspireront, les paiera de ce qu'il leur en a coûté d'admiration pour nos succès. Nous opposerions en vain à leur juste censure ces faits d'armes brillans, ces prodiges de valeur et d'habileté qui ont fait leur désespoir et nôtre gloire : soit que la guerre ne paroisse qu'une vivacité de jeunesse aux nations parvenues à la virilité ; et qu'elle semble les rapprocher un peu trop des hordes conquérantes avant d'être civilisées ; soit que regardée par les peuples raisonnables comme une triste nécessité, elle soit mise par eux au rang des malheurs qu'on évite de rappeler ; soit enfin que, dans l'art de la guerre comme dans tous les autres, les hommes fassent plus de cas du génie, à cette époque de la société où l'homme ne l'étudie pas dans les livres, alors qu'il est une *illumination soudaine*, comme l'appelle M. Bossuet; ou que le génie guerrier ait perdu quelque chose de son éclat depuis qu'on en a fait une profession, un *corps*, et que la guerre est devenue un art qui s'exerce avec des *ingénieurs*, et des machines *ingénieuses*, il est certain qu'à mesure que la raison générale fera des progrès, la gloire des armes ne brillera qu'au second rang chez les peuples chrétiens; quoique cependant ils soient de tous les peuples anciens et modernes, ceux qui font la guerre avec plus d'art et même de courage, puisqu'ils exposent leurs guerriers à la mort sans aucune arme défensive qui les en sépare, et même sans qu'ils puissent se défendre par leur valeur, de l'effet terrible de ces machines que le génie a inventées. L'on ne pardonne plus à un historien ces détails de combats si intéressans pour les acteurs, et dans les journaux contemporains, on aime mieux rencontrer un acte d'humanité au milieu des combats, et

les

les sentimens de la paix ne plaisent jamais plus à nos cœurs, que lorsque nous les trouvons au sein des fureurs de la guerre.

Non, ce ne sera pas avec des victoires, mais avec des vertus, que la France répondra à la postérité, lorsque, citée à ce tribunal dont aucune considération ne fait chanceler l'équité, elle rendra compte, comme l'aînée de la grande famille, de tout ce qu'elle avoit reçu pour la prospérité commune, et de l'usage qu'elle en a fait, de tant de talens naturels, et de tant d'instruction acquise, de tant de gloire méritée, et de tant de considération obtenue.

« Contrainte d'avouer tant de forfaits divers,
» Et des crimes peut-être inconnus aux enfers »,

la France offrira des journées de sagesse, plutôt que des journées de gloire, en expiation de quelques *journées* d'inexpiables horreurs, et si ces crimes inouis n'ont pu être effacés par le supplice de leurs auteurs, que peuvent-ils avoir de commun avec la mort honorable de nos guerriers?

Ce seroit en vain que nous voudrions jeter le voile brillant des arts et des sciences physiques sur les plaies épouvantables que nous avons faites à l'humanité. La France, et elle n'en étoit pas moins la première des nations, la France a été égalée ou surpassée par les autres peuples, dans l'invention des arts physiques, comme elle les a surpassés tous dans les arts de la pensée. Newton et Képler, Linnée et Bergmann, Boerhaave et Galilée, Winslow et Haller, étoient étrangers à la France. Nos peintres le cèdent à ceux des écoles étrangères ; et nos sculpteurs désespèrent d'égaler les statuaires de la Grèce antique ; même les arts d'imitation se ressentent aujourd'hui de la dégénération de nos pensées, et d'une révolution qui nous a ramenés à l'enfance ; car les arts n'imitent que ce qu'ils ont sous les yeux. Nos grands peintres du dernier siècle honoroient leur art par les imitations des scènes mémorables, et des personnages célèbres de la société politique et religieuse : les artistes de nos jours présentent surtout à notre admiration les scènes voluptueuses ou puériles de l'homme privé, et de la vie domestique ; ils cherchent moins à imiter les vertus que les passions, l'homme moral moins que l'homme physique, ou les effets de la nature matérielle :

leurs expositions n'offrent presque jamais qu'animaux, fleurs, individus, hommes, femmes, enfans, souvent inconnus, même quand ils seroient nommés. Nous revenons aux imitations de la vie sauvage et à la nudité des sexes, qui est le caractère de l'extrême barbarie (1). Hélas! et les arts de la pensée eux-mêmes, ces arts, que nous avons portés à une si haute perfection, semblent tendre à leur fin; en seroit-il

(1) On a voulu nous faire croire que les chefs de deux armées d'hommes armés de pied en cap se mettoient nus pour combattre avec des boucliers. Cela rappelle ces chanoines d'Ethiopie, dont parle madame de Sévigné, qui chantoient l'office tout nus, avec leur aumusse sur le bras. La nudité étoit honteuse chez les Romains pour les hommes libres, et l'on peut en voir la preuve dans le *Trimalcion* de Pétrone. Les Grecs des temps héroïques pensoient de même. On sait que ce ne fut que plus tard qu'un de leurs rois se mit nu pour lutter, et la nudité n'étoit permise qu'à ceux qui se donnoient en spectacle. C'est un reste d'extravagance révolutionnaire. Un jour ces tableaux recevront des draperies, ou ne paroîtront pas en public. Il n'y a en tout genre que le bon et le décent qui doivent subsister. Nous souffrons la nudité des statues grecques, comme nous la pardonnons aux enfans.

de ces plaisirs de l'esprit, dans une société qui avance, comme de ces amusemens de l'enfance, ou même de ces illusions plus douces de la jeunesse, que l'homme laisse derrière lui dans le voyage de la vie, et qui ne lui paroissent plus dignes de la gravité de l'âge viril? L'art dramatique périt sous la multitude des nouveautés, comme la considération, usurpée un moment par les comédiens, a péri sous la hauteur de leurs prétentions. Quand toutes les règles de l'art sont connues, toutes les combinaisons de la langue employées, et peut-être l'imitation de toutes les scènes de la vie publique et domestique épuisées, alors sans doute la carrière de l'art est parcourue. Les pièces de Jodelle et celles de Racine en sont les deux extrêmes; il n'est plus donné à aucun écrivain de descendre aussi bas, ni de s'élever plus haut, et même avec des succès égaux on ne peut plus prétendre à la même gloire. A la naissance de l'art, il falloit, pour se distinguer, en atteindre les limites; il faut à son déclin, les dépasser pour être remarqué. Les anciens ont atteint le sublime du naïf, et les modernes le sublime du grand;

on veut aller plus loin, et l'on outre le naïf jusqu'au puéril, et le grand jusqu'au monstrueux. Ainsi un homme veut toujours paroître jeune, et finit par être ridicule. Alors la comédie devient une farce licencieuse ou une imitation de puérilités; et la tragédie une représentation gigantesque ou un tissu d'extravagances. Quelquefois elle est une machine où l'on supplée par des illusions d'optique, les prestiges des décorations, ou même le jeu des animaux, à la stérilité du poëte ou à l'épuisement de son art. La satire n'est plus qu'un libelle diffamatoire; l'églogue, la fable, l'idylle sont renvoyées à l'enfance; et peut-être, dans notre situation présente, ne pouvons-nous plus prétendre qu'au funeste honneur de fournir à un poëte, dans quelques siècles, le sujet d'une épopée où il chanteroit la société menacée de retomber dans la barbarie, luttant avec des efforts surnaturels contre cette épouvantable révolution, comme Milton a chanté le combat des bons et des mauvais anges, et le Tasse, la lutte sanglante des chrétiens contre les infidèles.

Le dirai-je? on ne fait pas peut-être assez

d'attention à la révolution insensible que le temps et la raison opèrent au milieu de nous. Il semble que la fin du monde païen approche, et que ces restes d'idolâtrie, qui se mêloient à toutes nos institutions, s'effacent peu à peu de la société. Il faut une extrême délicatesse pour parler aujourd'hui ailleurs que dans le genre burlesque, d'Apollon et de Pégase, des Muses, de la fontaine d'Hyppocrène et du sacré vallon. Vénus, les ris, les jeux et les grâces commencent à vieillir, et même ce n'est qu'avec réserve et précaution qu'on peut hasarder encore de nommer Mars et Thémis.

Les législateurs de collége, qui nous ont régentés, ont voulu en vain nous ramener aux dieux, aux jeux, aux fêtes du paganisme, comme ils en avoient ramené parmi nous les mœurs et les lois : notre raison s'est révoltée contre ces *jeux innocens* de notre enfance, et leurs inventeurs ont paru ridicules même alors qu'ils étoient atroces. C'est surtout ce ridicule qui a flétri la révolution française, et la raison y a eu plus de part que la force. Le temps est venu où nous jugerons les héros du paganisme, comme nous jugeons ses dieux; et après nous être amusés dans notre enfance de l'histoire *de ses fables*, plus avancés, nous nous étonnerons des fables de son histoire. Nous apprécierons dans ces sociétés trop vantées ces vertus privées qu'on nous oppose sans cesse, et ces crimes publics dont on n'a garde de nous parler; nous y retrouverons la tempérance dans la pauvreté, et le luxe le plus effréné dans la richesse; des lois faites par le père contre l'enfant, par le mari contre l'épouse, par le maître contre l'esclave, par le créancier contre le débiteur, par le citoyen contre l'homme, un amour pour la patrie qui n'étoit que la haine des autres peuples, l'assemblage de la volupté et de la barbarie, et un peuple tout entier, passant des jeux obscènes de Flora aux jeux sanglans des gladiateurs... Et au milieu de ces empires qui ont brillé un moment sur la scène du monde, et qui sont tombés, dit Bossuet, *les uns sur les autres avec un fracas effroyable*, et tombés d'une chute éternelle, deux peuples, l'un commencé, l'autre consommé; mais tous les deux *le peuple de Dieu*, parce que l'un a été conduit par ses ordres, que l'autre doit être gouverné par ses lois; deux peuples resteront debout au milieu des ruines du monde ancien, et s'éleveront au-dessus de tous les peuples modernes, et leurs deux législateurs au-dessus de tous les législateurs; l'un, objet de la vénération du peuple Juif, l'autre, objet de l'adoration des chrétiens, à qui *tout pouvoir a été donné* sur le monde des intelligences, et sur le monde des corps, *devant qui tout genou doit fléchir*, et qui doit réunir toutes les nations dans une même législation, comme le pasteur réunit ses troupeaux dans le même bercail. C'est à la France à y rentrer la première, et toutes les nations y entreront après elle. Alors elle laissera l'Europe s'entretenir de l'éclat de ses victoires, et admirer la perfection de ses arts; elle ne s'enorgueillira que de la dignité de ses mœurs, et de la sagesse de ses lois.

Fin du Discours préliminaire.

LÉGISLATION PRIMITIVE,

CONSIDÉRÉE PAR LA RAISON.

LIVRE PREMIER.

DES ÊTRES, ET DE LEURS RAPPORTS.

CHAPITRE PREMIER.

De la Pensée, et de son Expression.

I. 1°. L'HOMME n'a la connoissance des êtres que par les pensées présentes à son esprit.

2°. L'homme n'a la connoissance de ses propres pensées que par leur expression, qui lui est transmise par ses sens.

De ces deux principes découle la science des êtres et de leurs rapports (*a*).

II. L'homme a deux sortes d'expressions de ses pensées; donc l'homme a deux sortes de pensées, donc deux sortes d'*êtres* sont.

III. 1°. La pensée est exprimée par des gestes qui la figurent, ou par le dessin qui fixe le geste. Ainsi exprimée, elle s'appelle *image*, ou *figure*; la faculté qui s'exprime en nous, s'appelle *imagination*; l'être exprimé s'appèlle *corps* ou *matière*.

2°. La pensée est exprimée par une parole qui la nomme, ou par une écriture qui fixe la parole; ainsi exprimée, elle s'appelle proprement *idée*; la faculté qui s'exprime en nous, s'appelle *intelligence*; l'être exprimé s'appelle *être intellectuel*, *esprit*.

IV. Ainsi, 1°. j'*imagine*, j'*image*, je me *figure* (mots tous synonymes) en moi-même un *arbre*, un *animal*; je le figure au dehors par le geste; je fixe ce geste par le dessin (1). 2°. J'*idée* ou je *conçois*, je nomme en moi-même *justice*, *raison*; je nomme au dehors, ou je prononce, *raison*, *justice*, et je fixe cette parole par l'écriture.

V. Ainsi l'on peut regarder comme un axiome de la science de l'être intelligent, *que le geste est la parole de l'imagination*, *et que le dessin en est l'écriture*. Les muets

---

(1) De là vient que les enfans appellent tous les dessins des *images*; ils pensent et parlent en cela parfaitement vrai.

manquent de l'expression de la parole, et ont éminemment celle du geste; les aveugles manquent tout à fait de l'expression du geste, et parlent beaucoup (*b*).

VI. Tantôt l'image emprunte l'expression de l'idée ou la parole, et je dis ou j'écris *arbre*, *animal*, au lieu de les figurer par le geste ou le dessin; tantôt l'idée revêt l'expression de l'image, et au lieu de dire ou d'écrire *justice*, je la figure sous la forme d'une femme voilée, qui tient un glaive et des balances. J'assimile l'être intellectuel au matériel, ou l'être matériel à l'intellectuel, et je dis : *une pensée prompte comme l'éclair, un éclair rapide comme la pensée*; on voit la raison de toute métaphore, comparaison, parabole, hiéroglyphe, art mimique, symboles, et la source commune des figures dans le style, des allégories dans le discours, des emblèmes dans les arts, qui consistent généralement *à spiritualiser les images des corps*, ou à *matérialiser les idées d'êtres intellectuels*; c'est-à-dire, à *figurer les idées*, et à *idéer les figures*.

VII. Les images et les mots sont donc plus que les signes de nos pensées; ils en sont l'expression, et de là vient que les mots s'appellent des *expressions*, et que l'on dit, avec raison, d'un homme qui parle : il *s'exprime* bien ou mal.

VIII. L'homme a deux expressions de ses pensées, parce qu'il a deux pensées principales auxquelles toutes ses pensées se rapportent, pensée aux corps, pensée aux esprits. L'homme a deux signes de ses sensations, joie ou tristesse, parce qu'il n'a que deux sensations principales, auxquelles toutes ses sensations se rapportent, sensation de plaisir, sensation de peine, et deux sentimens auxquels tous ses sentimens se rapportent, amour et haine. Ici la différence est sensible entre les signes et les expressions. Le rire et les larmes, signes de mes sensations de plaisir ou de peine, ne produisent pas sur ceux qui en sont témoins la même peine ou le même plaisir que j'éprouve ; mais mon geste ou ma parole, expression de ma pensée, éveillent en eux la même pensée qui m'occupe ; ils n'ont pas senti ma joie ou ma douleur, mais ils pensent ma pensée. Si je conviens avec quelqu'un que je lui ferai *signe* que j'ai rencontré telle personne en portant la main à mon chapeau, ce mouvement est un *signe* de ma pensée, qui suppose une parole qui a précédé et se confond avec elle; c'est une sorte d'écriture en chiffres, dont celui à qui je parle a la clef. En un mot, je *désigne* mes affections, j'*exprime* mes pensées; et telle est la différence des signes des affections aux expressions des pensées, qu'une expression juste ne peut rendre qu'une pensée, au lieu qu'un signe dénote des affections quelquefois opposées, comme les larmes, signe de douleur, qui désignent aussi l'excès de la joie.

Cette distinction entre les *expressions* et les *signes*, n'a pas été assez observée par l'idéologie moderne.

IX. Si l'homme ne connoît les êtres que par ses pensées, s'il ne connoît ses pensées que par leur expression, il ne connoît donc les êtres matériels que par les images qui les *figurent* à son esprit; comme il ne les fait connoître aux autres que par les images sous lesquelles il les leur figure : il ne connoît les êtres intellectuels que par les paroles qui les *nomment* à sa propre pensée, et il ne les fait connoître aux autres que par les paroles qu'il leur dit; et si une image rend présent ou représente un objet matériel, une parole rend présent aussi ou représente un être intellectuel.

X. Donc tout être matériel qui ne peut pas être *figuré*, ne peut pas être connu ; il n'est pas dans les pensées de l'homme, il n'est pas : donc tout être intellectuel qui ne peut pas être *nommé*, n'est pas dans les pensées de l'homme, il n'est pas. Il faut nier ce principe, ou se résoudre à admettre une longue série de conséquences.

XI. Donc tout être matériel, qui est ou peut être figuré, existe ou peut exister. Donc tout être intellectuel qui est, ou peut être nommé, est ou peut être, et l'on peut défier tous les philosophes de l'Univers de figurer, ou de nommer un être impossible. Car comment ce qui n'est ni ne peut être, pourroit-il être représenté ou rendu présent, par le *nom* ou par la *figure* ?

XII. Donc toutes les pensées de l'homme sont vraies ou représentatives de l'être.

XIII. Mais avec des pensées vraies, l'homme porte des jugemens faux, et suppose entre les êtres, des relations qui ne sont pas ou qui ne peuvent pas être, et comme il a deux sortes de pensées, il tombe dans deux sortes de jugemens faux ; l'un d'imagination qu'on appelle *fiction*, l'autre d'idée qu'on appelle *erreur*.

XIV. J'ai l'image d'une femme, d'un poisson, de chants, de rochers ; ces pensées sont vraies et représentatives de ce qui existe. Je forme un jugement de toutes ces pensées, et j'imagine une femme-poisson qui habite des écueils où elle attire les navigateurs par ses chants ; je forme un jugement d'imagination qui est faux, parce que cet être appelé *sirène* n'existe pas ; ce jugement s'appelle une *fiction*.

XV. J'ai l'idée de sagesse, de force, de préférence ; ces pensées sont vraies ou représentatives de ce qui est. J'en forme un jugement, et je pense ou je dis que *la force est préférable à la sagesse* : ce jugement est faux, parce qu'une force qui l'emporte sur la sagesse n'est plus force, mais foiblesse ; ce jugement s'appelle une *erreur*.

XVI. Il y a cette différence entre les faux jugemens de l'imagination et les faux jugemens de l'intelligence, entre la fiction et l'erreur, que l'erreur manque de vérité, et la fiction seulement de réalité. Une sirène n'existe pas; mais il n'est pas impossible qu'elle existe, puisque je ne la figurerois pas, si elle étoit impossible, et que je conçois distinctement que la même puissance qui a fait les femmes et les poissons, peut faire un être qui soit l'un et l'autre à la fois (*c*). Au lieu qu'une force préférable à la sagesse ne peut pas être, puisqu'elle cesse d'être force à l'instance qu'elle se préfère à la sagesse; et parce que cette force préférable à la sagesse ne peut pas être, je ne puis pas la nommer, comme j'ai nommé *sirène*; je ne connois pas de mot qui exprime une force préférable à la sagesse; et pour en faire mieux sentir l'impossibilité, on n'a qu'à traduire *sagesse* par ce qui doit diriger, et *force* par ce qui doit être dirigé, et l'on verra qu'il est impossible ou contradictoire que ce qui doit obéir, soit préférable à ce qui doit commander.

XVII. Ainsi un faux jugement d'imagination manque de réalité; un faux jugement dans les idées pèche contre la vérité; l'un conduit à l'inexistence actuelle, l'autre aboutit à la contradiction; et c'est mal à propos que Condillac élève des difficultés sur

cette

cette épreuve infaillible de l'erreur dans nos jugemens.

XVIII. Ainsi les hommes n'inventent pas les êtres, ils les déplacent, et supposent entre eux des rapports. Ils peuvent se tromper dans leurs jugemens, mais leurs pensées ne les trompent pas.

XIX. Il faut revenir sur une assertion à laquelle le lecteur peut-être n'a pas donné toute l'attention qu'elle mérite. Non-seulement la figure et la parole sont l'expression nécessaire de nos pensées à l'égard de ceux à qui nous voulons les communiquer; mais elles en sont l'expression nécessaire pour nous en entretenir avec nous-mêmes ou pour penser. Ainsi nous ne pouvons tracer au dehors la figure d'un corps par le geste ou le dessin, sans en avoir en nous-mêmes la représentation ou l'image; car l'image est une figure intérieure, et la figure est une image rendue extérieure. Et de même nous ne pouvons émettre au dehors une parole ou la fixer par l'écriture, sans en avoir en nous-mêmes la prononciation intérieure. Ainsi penser, c'est se parler à soi-même d'une parole intérieure; et parler, c'est penser tout haut et devant les autres. Ainsi l'on peut regarder comme une vérité générale : qu'*il est nécessaire* d'avoir l'expression de sa pensée pour pouvoir exprimer sa pensée ; ou bien, comme je l'ai dit ailleurs : « que l'homme pense » sa parole avant de parler sa pensée ». Proposition certaine, et qui explique le mystère de l'être intelligent.

XX. Ainsi l'être intelligent *conçoit* sa parole avant de *produire* sa pensée ; ainsi il y a *conception* et *production* de l'homme moral, comme il y a *conception* et *production* de l'homme physique ; car, *c'est de la similitude des idées que naît la similitude des expressions*, autre axiome de la science de l'être intelligent (*d*).

XXI. Donc la parole n'est pas une invention de l'homme, puisqu'il ne peut y avoir même pensée d'inventer sans une parole qui exprime cette pensée. Donc le ris et les larmes, par lesquels nous manifestons nos affections, vraies ou feintes, de plaisir ou de peine, sont des *signes* natifs (1) ; au lieu que la parole

(1) L'homme seul peut rire, parce que le rire naît d'un contraste ou rapport que l'homme seul peut sai-

et même le geste, sont des expressions acquises, *adventitiæ*. Donc elles sont naturelles, c'est-à-dire, conformes à la nature de l'être; car il n'y a rien de plus naturel à l'être qui doit acquérir que l'état acquis, et la perfection est l'état le plus naturel de l'être perfectible (*e*).

XXII. Ainsi l'homme connoît les êtres par ses pensées, et ses propres pensées par leur expression. Ainsi, au lieu d'étudier la pensée de l'homme dans le sanctuaire impénétrable du pur intellect, comme on le fait aujourd'hui, il faut l'étudier, pour ainsi dire, dans le vestibule de la parole, et expliquer l'être pensant par l'être parlant, comme on connoît l'homme conçu dans le sein de sa mère, par l'homme produit au monde.

La pensée de l'homme est la représentation des êtres; fondement de l'*ontologie*, ou de la science des êtres; *la parole de l'homme est la représentation de ses pensées;* fondement de l'idéologie, ou de la science des idées. « Comme il n'est aucun » mot, dit le célèbre abbé de l'Epée, qui ne

---

sir par la pensée, et voilà pourquoi l'intelligence se peint principalement dans le sourire.

» représente quelque chose, il n'est aussi au-
» cune chose, quelque indépendante qu'elle
» soit de nos sens, qui ne puisse être expli-
» quée clairement par une analise composée
» de mots simples, et qui en dernier ressort
» n'ait besoin d'aucune explication ».

XXIII. L'expression de nos pensées nous est transmise par les sens de la vue ou de l'ouïe; mais la pensée elle-même est distincte de son expression, et la précède; c'est la conception qui précède la naissance: l'homme a la pensée en lui-même, puisqu'elle se réveille à l'occasion de la parole orale ou écrite qu'il entend; car si l'oreille ouït, si les yeux lisent, c'est l'esprit qui entend. La pensée est native, la parole est acquise; mais la pensée n'est pas visible sans une expression qui la réalise, et l'expression n'est pas intelligible sans une pensée qui l'anime. Une expression sans pensée est un son; une pensée sans expression n'est rien. Là est le moyen de conciliation entre les partisans des *idées spirituelles* et les partisans des *sensations transformées*; entre les disciples de Descartes et de Malebranche, et ceux de Locke et de Condillac (*f*).

Notes du Chapitre premier.

(*a*) Le premier de ces deux principes est plus convenu que le second, et bien des gens s'imaginent connoître leur pensée en elle-même, et sans le secours d'aucune expression. *La pensée n'est connue que par la parole :* Dieu, *intelligence suprême, n'est connu que par son verbe.* Propositions semblables, dont l'une fait connoître Dieu, l'autre fait connoître l'homme.

(*b*) Les deux facultés *d'idéer* et *d'imaginer* sont très-distinctes l'une de l'autre. La source de beaucoup d'erreurs est de les confondre, et de vouloir *imaginer* là où l'on ne peut qu'*idéer*, ou *idéer* ce qu'on ne peut qu'*imaginer.* Je connois où j'idée la sagesse, je ne l'imagine pas ; j'imagine le mécanisme de mon propre corps, et je ne le conçois pas. On imagine le solide sans le concevoir, on conçoit l'intellectuel sans l'imaginer. Les matérialistes sont des hommes à *imagination.* Leur pensée ne voit qu'images ou figures, et cependant leur style sec et triste en est totalement dépourvu. L'intellectuel ne peut s'*imaginer* que lorsqu'il prend un corps, qu'il se réalise, qu'il se rend présent à nos sens, en un mot, qu'il devient *sensible :* je dis sensible, et non pas solide ; « car, comme dit très-bien « Malebranche, le sensible n'est pas le solide ».

(*c*) Il y a des relations de voyageurs anciens, qui parlent de quelque animal marin de ce genre, qu'ils prétendent avoir aperçu. Ils se trompent sans doute ;

mais leur récit faux n'est pas absurde, comme le seroit celui d'un voyageur qui assureroit avoir vu un pays où la ligne droite n'est pas la plus courte entre deux points, et où la famille est gouvernée par les enfans; et ce n'est pas sans raison que ce roi indien ne vouloit pas croire un Hollandais, qui lui disoit que, dans son pays, le peuple étoit souverain.

(*d*) Que cherche notre esprit quand il cherche une pensée? Le mot qui l'exprime, et pas autre chose. Je veux représenter une certaine disposition de l'esprit dans la recherche de la vérité; *habileté*, *curiosité*, *pénétration*, *finesse*, se présentent à moi; la pensée qu'ils expriment, n'est pas celle que je cherche, parce qu'elle ne s'accorde pas avec ce qui précède et avec ce qui doit suivre; je les rejette. *Sagacité* s'offre à mon esprit; ma pensée est trouvée, elle n'attendoit que son expression. 146 et 287 me présentent deux idées de nombre très-distinctes. J'en veux former une seule idée, ou une idée collective. Que fais-je pour la trouver, et pourquoi ne l'ai-je pas aussitôt que je le veux? C'est que son expression me manque; je la cherche, je la trouve, et j'ai l'idée demandée, 433. Tous les exemples peuvent être réduits à ceux-là; et je fais alors comme un peintre qui, voulant représenter la figure d'un ami absent, retouche son dessin jusqu'à ce qu'il ait trouvé l'expression du visage qu'il reconnoît aussitôt. Cette vérité que la parole n'est pas d'invention humaine, et que *les langues sont un don*, est la dernière peut-être qui reste à prouver pour la connoissance des êtres et l'affermissement de la société.

Condillac et autres supposent l'homme seul dans les forêts ; et l'homme ne peut naître, et de long temps vivre qu'en nombre *trois*. Or, entre trois êtres formant une famille, il y a par toute la terre un langage articulé, et même un langage complet, semblable dans ses parties d'oraison et dans leurs modes essentiels, différent seulement dans le vocabulaire et le nombre de mots.

Or, cette unité dans le langage, puisque toutes les langues ne sont qu'une expression de la même pensée, et qu'elles se traduisent toutes réciproquement, prouve un instituteur *un*, une institution unique, et même une famille *une*; car les langues ne se transmettent que par la famille, et passé les premières années, où les organes sont très-flexibles, il seroit presque impossible d'apprendre à parler. Les plus âgés transmettent le langage aux plus jeunes, comme ils leur ont transmis la vie, et ils leur donnent, en quelque sorte, de leur intelligence, comme ils leur ont donné de leur corps. L'enfant exprime par le geste et même par le dessin les objets qu'il a vus, comme il exprime par la parole les idées qu'il a entendues; mais il ne parle pas plus sans avoir entendu, qu'il ne figure sans avoir vu. La parole est la monnoie du commerce des intelligences entre elles, représentative de toutes les idées, comme la monnoie est représentative de toutes les valeurs. Un langage inconnu dans un pays est une monnoie qui n'a pas de cours, et qui n'est pas marquée au coin du prince. L'interprétation des langues étrangères est une opération semblable à celle de la banque, qui, pour traduire la monnoie étrangère en monnoie nationale, observe les différences et en tient compte.

Je reviens à la supposition de nos sophistes. La nature fait naître l'homme en société, et ses vices l'isolent. Nos philosophes, au contraire, commencent par isoler l'homme, et lui font inventer la société. Il faudroit s'expliquer nettement sur cette question. Croit-on que dans aucun temps l'homme ait pu naître de la seule énergie de la matière en fermentation, et qu'il en ait reçu l'admirable mécanisme de l'organisation de son corps et le prodige de son intelligence? Si les partisans de Condillac repoussent cette hypothèse, pourquoi en font-ils la base de leur système? S'ils admettent un Dieu créateur, pourquoi refuser de reconnoître un Dieu législateur ou conservateur?

Pourquoi recourir à des absurdités pour expliquer l'exercice nécessaire de facultés nécessaires à l'homme? Peut-on admettre qu'une intelligence infinie ait créé l'homme, et supposer que telle qu'une marâtre cruelle, elle ait abandonné son existence sociale au hasard de ses inventions, en sorte que si un homme n'eût pas eu assez d'esprit pour inventer la parole, le genre humain tout entier seroit aujourd'hui dans un état bien au-dessous de celui des plus vils animaux? Le sauvage de l'Aveyron a certainement la faculté de penser et d'articuler. Depuis deux ans, on l'instruit avec zèle et intelligence; et il n'a pas même de gestes imitatifs d'aucune pensée, quoiqu'il montre du doigt quelques objets présens relatifs à ses besoins.

Sans doute le moyen de la première transmission de

la parole faite à l'homme nous est inconnu, et l'imagination n'en fournit aucune image; mais la raison conçoit et peut démontrer qu'il est impossible, c'est-à-dire, contre la constitution physique et morale de l'homme, qu'il puisse inventer l'expression de ses pensées; car ce seroit inventer son propre être intellectuel. Cette démonstration purement *rationnelle* est suffisante, puisque l'homme ne reçoit de certitude infaillible que de sa raison, et non de ses sens, et que l'imagination elle-même ne mérite aucune créance sans l'attestation et le *visa* de la raison. Et prenez garde que dans la question qui nous occupe, si la raison parle, l'imagination se tait; il n'y a pas entre elles conflit de juridiction, et l'imagination ne fournit pas d'images contraires aux perceptions de ma raison; au lieu que dans la démonstration des *asymptotes*, que personne ne révoque en doute, la raison et l'imagination sont en opposition formelle; car la raison se démontre à elle-même par le calcul que deux lignes, prolongées à l'infini et s'approchant toujours, ne peuvent jamais se rencontrer; l'imagination, au contraire, se figure nettement que deux lignes, s'approchant continuellement, doivent finir par se rencontrer en un point; et la raison elle-même murmure contre le calcul qui la subjugue, et trouve malgré elle de la contradiction à admettre deux lignes infinies qui s'approchent toujours et s'évitent sans cesse.

Il faut faire ici une observation importante sur la rectitude de nos jugemens. La rectitude des jugemens sur les objets purement physiques tient à la force de nos passions : un homme intempérant juge en général très-bien des jouissances physiques, et un homme intéressé de la bonté d'un marché ; mais la rectitude du jugement en morale tient à la répression de nos passions, et voilà pourquoi l'habileté dans certaines affaires va rarement avec l'habitude de certains devoirs. « Les » enfans du siècle, dit le grand maître, sont plus pru- » dens en affaires que les enfans de lumière ».

Quand nous disons que la parole est nécessaire pour penser, il faut entendre la parole des images, comme celle des sons. Les sourds-muets pensent par images et parlent par gestes. Les mots qu'on leur transmet, arrivent à leur esprit par les yeux, comme au nôtre par les oreilles, et sont pour eux une image, et pour nous un son. Et pour nous-mêmes, quand nous ne faisons que penser, les mots ne sont pas un son, ils ne sont qu'une image. Le mot *cause* réveille dans un homme instruit l idée de *cause*, et il porte avec lui sa signification ; je crois que, pour un sourd-muet, il ne marche jamais sans l'image de l'*effet* qu'on lui a donné pour exemple, et ils sont comme des enfans qu'on instruit perpétuellement avec des tableaux et des comparaisons *sensibles*. Les partisans de l'invention du langage veulent que le geste ait conduit à la parole. Le geste ne peut être d'aucune manière l'élément d'un son ; et il y a entre eux l'infini. C'est, au contraire, parce que les hommes s'entendent par le moyen du geste, que jamais ils n'auroient songé à inventer la parole, si la parole pouvoit être une invention ; car là où il y auroit un moyen suffisant de s'exprimer, il n'y auroit jamais de motif nécessaire ou de raison suffisante d'en inventer un autre.

(*e*) Les hommes ont des images avant d'avoir des idées; ils voient les corps avant de connoître les esprits. De là vient que les enfans et les peuples naissans gesticulent beaucoup, et même dessinent volontiers. Il est évident que le dessin est un geste fixé; car le geste significatif d'une chose n'en exprime que les contours, et les premiers dessins des peuples et des enfans ne sont aussi que des contours et des linéamens sans ombres et sans relief. Le premier progrès est de colorer les objets, le dernier d'y mettre les ombres, et l'on peut dire qu'il faut être fort éclairé pour apercevoir les effets de la lumière sur les corps. Les hiéroglyphes étoient une écriture de contours, un dessin des objets. Aussi les hommes ou les peuples qui pensent beaucoup par images, s'expriment beaucoup par gestes, et aiment les arts d'imitation.

(*f*) Le lecteur le moins attentif remarquera combien ces locutions familières, *la parole, expression de notre intelligence, et son image; fille de la pensée, et par laquelle la pensée se produit; ne faisant qu'un avec la pensée, et cependant en étant distinguée; née de la pensée et son égale*, etc., etc.; combien, dis-je, toutes ces locutions qui développent le mystère de l'homme, s'accordent avec celles que la religion emploie pour mettre à notre portée le mystère de la nature divine, en qui elle nous montre aussi une parole éternelle ou *verbe, expression de l'intelligence suprême et image de sa substance; fils de Dieu*, et *cependant égal à son père, par lequel il se produit et se manifeste*, etc., etc., etc. Je laisse ici le lecteur à ses réflexions; mais qu'il ne s'effraie pas de ce rapprochement. Ce n'est pas une vaine parole, *que l'homme a été fait à l'image et à la ressemblance de la Divinité*; et M. Bossuet lui-même, traitant ces hauts sujets, dit: « Et nous-mêmes, n'avons-nous pas en nous » une intelligence dont notre parole est le fruit »?

Ces deux propositions: *L'intelligence divine n'est connue que par son verbe, l'intelligence humaine n'est connue que par sa parole*, peuvent servir à instruire le chrétien dans la science de l'homme, et celui qui croiroit n'être que philosophe dans la science de Dieu. En effet, le chrétien persuadé par la foi de la première proposition, se prouveroit à lui-même par la raison la vérité de la seconde, et iroit ainsi de Dieu à l'homme: le philosophe, après s'être prouvé à lui-même par la raison la vérité de la seconde proposition, pourroit en conclure la première, et verroit en nous-mêmes la raison des locutions les plus étonnantes de la religion, et iroit ainsi de l'homme à Dieu. Car, encore une fois, on peut démontrer à la raison que notre pensée n'est exprimée à l'esprit des autres, n'est connue à notre propre esprit que par la parole.

CHAPITRE II.

Des Êtres, et des manières d'être.

I. L'HOMME même le plus borné dit : *Je suis, tu es, il est, nous sommes, ils sont*, et chez les peuples les plus abrutis on retrouve l'expression de ces pensées. En parlant ainsi, les hommes s'entendent eux-mêmes et sont entendus de leurs semblables ; ils agissent les uns envers les autres à l'occasion de cette intelligence mutuelle de leurs pensées : donc ces paroles sont des expressions de pensées ; donc l'homme partout a des idées d'*être* ; d'être singulier et d'être pluriel, d'être *moi* et d'être *lui*. Non-seulement l'homme dit : *je suis* ; mais il dit, *j'ai été*, *je serai* ; *j'aime* ou *je suis aimant*, *je suis aimé* ; et dans les diverses modifications du verbe, il exprime l'idée de la distinction des personnes, de la différence des temps, des progrès de l'action faite et de l'action reçue, de l'actif et du passif. Là sont les racines du langage, et la raison pour laquelle *verbe* ou *parole* sont synonymes. En effet, le verbe est la parole par excellence, parce qu'il est l'expression exacte de l'être intelligent, et de toutes ses manières d'être, de pensée, de sentiment et d'action, et que nul autre que l'être intelligent ne peut dire, *je veux, j'aime, j'agis, je suis* (*a*).

II. Les êtres sont, et ils sont tous d'une certaine manière propre à chacun. Car s'il n'y avoit qu'une manière d'être, on ne distingueroit aucun être, il n'y auroit qu'un être. Je ne distinguerois pas mon esprit de mon corps, mon esprit d'un autre esprit, mon corps d'un autre corps, je ne distinguerois rien (*b*).

III. L'homme EST une intelligence, capable de pensée, et il A un corps où des organes capables de mouvement; organes qui transmettent à l'esprit l'expression de ses pensées, et en reçoivent la détermination de leurs mouvemens. La manière d'être propre de l'homme est donc d'être *une intelligence servie par des organes*.

IV. La pensée qui détermine le mouvement s'appelle *volonté*; le mouvement qui est déterminé par la pensée, s'appelle *action*.

V. La pensée a un objet de ses déterminations, un *terme*; et le mot même de *détermination* indique un *terme*. Ce terme est l'*objet* de la volonté, le *sujet* de l'action, qui conduit à la *fin* que l'être se propose. Cette fin est d'être; le bien-être, ou plutôt le mieux-être, la perfection ou la plénitude de l'être. Car quelle autre fin que d'être, l'être libre de vouloir et d'agir pourroit-il se proposer dans sa volonté et dans son action?

VI. La perfection de la volonté s'appelle la *raison*, la perfection de l'action est la *vertu*, *virtus*, action forte; car la vertu est force même avec la foiblesse physique, *virtus in infirmitate perficitur*, comme le crime est foiblesse même avec la force physique, *impotentia*, et c'est ce qui fait dire à Hobbes que *le méchant est un enfant robuste.*

La vertu est donc une action commandée par une volonté raisonnable (*c*).

VII. Ainsi, *intelligence*, *pensée*, *volonté*, constituent l'être intellectuel.

Organes, *mouvemens*, *action*, constituent l'être organisé.

Intelligence et *organes*, constituent l'homme.

Volonté et *action* constituent l'homme fait.

Raison et *vertu* constituent l'homme parfait, l'homme moral ou social (*d*).

VIII. L'homme passe par deux états très-distincts. Dans le premier, il a une intelligence sans connoissance de ses pensées, sans volonté, et des mouvemens sans action. C'est l'état *natif* de l'homme, état originel, état imparfait, et dont il fait effort pour se tirer. Au sortir de cet état, trop souvent il tombe dans un état vicieux et dégénéré; celui où sa volonté est sans raison et son action sans force ou sans vertu; ou bien il passe à l'état perfectionné, celui où sa volonté est éclairée par la raison, et son action forte et vertueuse: c'est l'état *naturel* de l'homme, état bon, état accompli, état *de la fin* de l'être, bien différent de cet état *natif* ou imparfait qui est l'état *du commencement*, et où J.-J. Rousseau et son école ont placé l'état naturel de l'homme, erreur fondamentale qui infecte leurs écrits, et qui, malgré les couleurs brillantes de leur style, les rendra inutiles, même alors qu'ils auront cessé d'être dangereux *(e)*.

IX. Nous avons vu, § Ier, de ce Chapitre, que l'homme *est* une intelligence, et qu'il *a* des organes. L'*avoir* est donc une manière de l'*être*, et la plus générale possible, puisqu'elle

comprend

comprend toutes les autres. *Être* est absolu; l'être est ou n'est pas. *Avoir* est relatif, et susceptible d'augmentation ou de diminution: et comme les organes peuvent être plus ou moins disposés à servir la pensée, les connoissances dont ils transmettent l'expression, sont plus ou moins étendues. Et même tout ce que l'homme peut acquérir, il peut le perdre, et cesser d'*avoir* sans cesser d'*être*.

X. Ainsi *avoir* est accessoire d'*être* : *être* est substance; *avoir* est accident, modification, manière d'être. *Être* est invariable; manière d'*être* ou *avoir* est variable. On ne peut pas *être* plus ou moins, mais on peut *avoir* plus ou moins.

XI. Nous avons considéré l'intelligence et ses organes; il est temps de considérer la volonté et l'action : c'est ici que s'éclaircit le mystère de l'être.

XII. L'homme capable de pensée et de mouvement, *veut* (1) parler, écrire, labourer : ses organes obéissent; il *agit*, soit im-

---

(1) C'est l'amour de soi ou des êtres semblables qui détermine la pensée à être une *volonté*, et le mouvement à être une *action*.

médiatement par lui-même et ses seuls organes; ou médiatement en ajoutant à ses organes la force auxiliaire d'instrumens, comme d'un porte-voix pour parler, d'une plume pour écrire, d'une charrue pour labourer. Dans ces différentes opérations, il y a trois choses très-distinctes : 1°. la pensée qui détermine les organes; 2°. les organes qui sont déterminés; 3°. le sujet de la détermination, sur lequel les organes s'exercent, ou autrement la *volonté*, l'*action*, l'*objet*.

XIII. Ces manières d'être sont relatives l'une à l'autre : la volonté sans action n'est pas une volonté, mais un désir; action sans volonté n'est pas une action, mais un mouvement; un effet sans action et sans volonté seroit un hasard, et le hasard n'est pas; le hasard, dit Leibnitz, n'est que « l'ignorance des lois naturelles ».

XIV. Ces manières d'être relatives l'une à l'autre s'appellent des *rapports*. L'ensemble des rapports *ordonnés* pour la fin de l'être, c'est-à-dire, son bien-être ou sa perfection s'appelle l'*Ordre*.

XV. Dans le système de l'homme, les organes sont le moyen, le milieu, *medius*, car (moyen vient de *medius*) de la volonté, comme cause, pour obtenir un *effet*. Ils sont donc interposés entre la volonté et son objet. C'est ce qui fait qu'on appelle *milieu* certaines substances interposées entre une chose et une autre, comme l'air et l'eau. La volonté détermine les organes à agir, comme les organes déterminent par leur action l'effet à naître : ainsi l'homme voulant et agissant est tout entier exprimé dans cette *proportion* continue :

« La volonté est à l'action des organes, » comme l'action est à l'effet qui en ré» sulte ». L'extrême fécondité de ce principe se développera peu à peu.

XVI. Ainsi en métaphysique comme en géométrie, les *proportions* sont formées de *rapports*, et dans l'une et dans l'autre science, ces rapports s'appellent aussi *raison*. C'est dans le sens que Cicéron a dit : *Lex est ratio profecta à naturâ rerum*; « la loi » est un *rapport* qui dérive de la nature des » choses », et Leibnitz, avec une si noble énergie : « Dieu est la suprême raison des » choses », parce qu'en Dieu est le rapport général de tous les êtres, c'est-à-dire, celui auquel tous les êtres se rapportent, comme tous les points de la circonférence au centre, et qu'il est la raison générale de leur existence.

XVII. La volonté est donc *active* par elle-même; elle se détermine; l'effet ou sujet est *passif*, il est déterminé; les organes sont passifs et actifs à la fois; passifs, à l'égard de la volonté qui détermine leur action; *actifs*, à l'égard du sujet ou objet, sur lequel ils exécutent leur action.

XVIII. *Etre* et *avoir*, idées fondamentales de l'être : *actif* et *passif*, rapports fondamentaux des êtres : *être* et *avoir*, *actif* et *passif*, fondemens de toutes les langues qui sont l'expression des êtres, et de leurs rapports (*f*).

Notes du Chapitre II.

(*a*) Les mots n'ont par eux-mêmes aucune vertu, quoiqu'il soit vrai de dire qu'ils ne sont pas purement arbitraires; mais la parole a la vertu d'exprimer la pensée. Ici les partisans de l'invention du langage tombent dans une grande absurdité; il faut qu'ils soutiennent que l'invention la plus merveilleuse, et qui ne peut être le produit d'un événement fortuit, comme le sont toutes les découvertes des arts, mais qui auroit été le fruit des plus profondes combinaisons, si elle avoit été combinée ; une invention qui n'est pas nécessaire à l'homme au premier âge de la société, puisqu'alors, selon eux, uniquement occupé d'actions physiques, il peut agir sans parler ; que cette invention, dis-je, remonte aux temps d'un peuple le moins fertile en inventions, puisqu'on voit des langues avec toutes leurs combinaisons, des verbes avec leurs temps et leurs modes, des noms de nombre, des noms appellatifs, des substantifs et des adjectifs, des langues qui nomment le ciel, la terre, *le grand esprit*, chez des peuples qui n'ont pas la première notion de nos arts et des choses les plus nécessaires à la vie, pas même quelquefois l'art de faire du feu. Explique qui voudra comment toutes les combinaisons merveilleuses de la parole ont été inventées chez des peuples qui ne connoissent pas les moyens les plus simples de rendre la vie commode, de se couvrir, de préparer leurs alimens, etc.; mais, en vérité, j'admire comment des hommes, si difficiles sur les preuves de la vérité, admettent sans preuve cette étrange assertion.

Les langues ont un rapport évident à l'état des peuples dont elles sont l'expression, *transpositives*, bruyantes, hardies, déréglées chez les peuples à passions, les peuples païens : plus *analogues*, mieux réglées, et d'une harmonie plus douce et plus (1) vraie

---

(1) On pourroit soutenir que notre langue est plus harmonieuse, quoique moins éclatante, que la langue latine, parce que

chez les peuples chrétiens. C'est parce que les langues transpositives confondent la place des êtres, que l'on a été forcé, pour se reconnoître, d'inventer les déclinaisons, qui ne sont que le signe du rang que le mot devroit naturellement occuper dans la phrase. Ainsi une langue analogue dit : « Dieu commande » aux princes de conduire leurs sujets à la vertu ». Et dans cette phrase : *Dieu* souverain, les *princes* ses ministres, les peuples qui sont les *sujets*, le verbe *commander* qui exprime la relation du pouvoir au ministre, le verbe *conduire* qui exprime la relation du ministre au sujet, la *vertu* enfin, fin de toute volonté de Dieu et de toute action de l'homme, sont placés dans la phrase comme ils le sont en eux-mêmes et dans la pensée. Les Grecs et les Latins tourmenteroient cette phrase de mille manières, toutes à peu près dans le génie de leurs langues, hors la manière naturelle.

Quant à l'invention du langage, l'auteur du *Monde primitif* pense que le langage est *de Dieu*, qui a donné les signes radicaux, que l'homme a étendus par dérivation, ou qui se sont modifiés par succession de temps et variétés dans les organes. Leibnitz écrivoit : « Il ne faut pas s'imaginer que les langues soient d'une » institution arbitraire, et se soient formées par des

---

la langue latine n'a que des sons pleins et forts, et qu'il n'y a pas d'harmonie dans la nature sans un mélange de sons forts et de sons foibles, de bruits, et j'ose le dire, masculins et féminins, caractère distinctif de la langue française.

» conventions réfléchies.... C'est une chose digne de » remarque dans une grande partie de notre conti» nent, les langues modernes nous fournissent la trace » d'une langue ancienne extrêmement répandue.... » d'une langue commune, et cette conclusion s'ac» corde mieux avec les saintes Ecritures ». M. Hugh Blair, encore vivant, célèbre professeur à Edimbourg, dans son *Cours de Rhétorique*, énonce le même sentiment sur l'institution du langage. M. Sicard pense que le Créateur a fait l'homme parlant. J.-J. Rousseau combat le système de l'invention humaine; en sorte que l'on peut regarder cette opinion comme dominante; et M. Degerando, qui a préféré le sentiment de Condillac, convient lui-même qu'elle est fort commune; la difficulté est du plus au moins de mots donnés; mais l'on peut croire que le mot principal, le *verbe*, dont le *geste* ne sauroit figurer les modifications intellectuelles, est un signe radical, mais qui n'a eu dans le principe (et l'on en juge par l'hébreu) que les temps et les modes nécessaires. Sans doute on peut figurer par le geste l'action de manger; mais comment en figurer les temps et les modes? comment figurer le *croire*, dans ses modifications diverses, aux yeux de celui qui n'en auroit pas eu l'idée dans l'esprit? Il n'y a qu'à voir dans M. *l'abbé de l'Epée* tout ce qu'il faut écrire de mots pour faire comprendre aux sourds-muets ce mot *croire* avec ses modifications personnelles, temporaires et successives. Disons donc que le verbe a été du commencement, et qu'il est le moyen de toute instruction; car le substantif présent peut être montré par le geste, et absent il peut être figuré par le dessin (1).

(*b*) L'égalité absolue est confusion, au physique comme au moral.

(*c*) Dans ce siècle, on a défini *la vertu une disposition à faire du bien*. La vertu, chez les païens, pouvoit être une disposition. Chez les chrétiens, elle est une action, parce que l'amour, qui en est le principe, veut agir. *Amor ubi est operatur; ubi non est amor, non operatur*, dit un père de l'église.

(*d*) Ainsi esprit répond à organe, pensée à mouvement, volonté à action, raison à vertu. Ce sont là des relations, et l'attention à les observer toutes dans le discours est la première condition d'un bon style, d'un style vrai, expression d'une pensée juste.

(*e*) Nous retrouvons les mêmes états dans la société; l'état sauvage ou natif, l'état idolâtre ou corrompu, l'état chrétien ou civilisé, état naturel de la société. Dans le premier, ignorance et foiblesse; dans le second, erreur et violence; dans le dernier, raison et force. « L'état naturel de l'homme, dit très-bien » Burlamaqui, est, à parler en général, celui qui est

---

(1) Il n'est pas inutile de remarquer que l'éducation actuelle ne met dans la tête des enfans que des nomenclatures de substantifs. La religion, comme la métaphysique, ne nomment que deux êtres, *Dieu* et l'*homme*, et toute l'instruction qu'elles donnent est sur les rapports qui les unissent. Les sciences physiques exercent la mémoire, les autres forment la raison.

» conforme à sa nature, à sa constitution, à sa rai-
» son, et au bon usage de ses facultés, prises dans
» leur point de maturité et de perfection ». (*Voyez à la fin de la première partie sur le mot* nature).

(*f*) Les mots *être* et *avoir* sont implicitement exprimés dans les langues anciennes ; ils le sont à découvert dans les nôtres où ils se joignent, sans se confondre, à plusieurs temps du verbe, dont ils sont les auxiliaires nécessaires. Les motifs de ces diversités ne sont pas arbitraires ; ils sont peut-être dans la différence des idées modernes ou chrétiennes sur l'*être* et l'*avoir*, aux idées des païens, qui ne connoissoient pas plus l'*être* qu'ils ne respectoient l'*avoir* ou la propriété. Mais ce n'est pas ici le lieu de développer ces vérités ; il suffit de dire que l'homme raisonnable ne croit point au hasard : que plus l'effet est général, plus il lui suppose une raison importante ; que si la parole est l'expression de la pensée d'un homme, une langue entière est l'expression des pensées d'un peuple, qui sont ses lois, ses coutumes, ses habitudes. Les raisons des règles du langage humain peuvent n'être pas celles que je donne ; mais il faut les chercher ; car l'homme doit travailler sans cesse à étendre sa raison : or, la *raison* de l'homme consiste à connoître les *raisons* de tout, ou la vérité, surtout dans les objets qui tiennent à son intelligence d'aussi près que sa parole.

CHAPITRE III.

De la Vérité et de la Raison (1).

I. La vérité est la connoissance des êtres, et de leurs rapports; la raison est la connoissance de la vérité; elle est l'esprit éclairé par la vérité.

II. La raison est donc acquise ou adventive, *adventitia*. L'homme naît esprit, et il apprend à raisonner; il *est* intelligence, il *a* de la raison.

III. Ou les êtres sont corporels, et leurs rapports sont des rapports de nombre, d'étendue, de mouvement, objet des sciences physiques; ou ces êtres sont intelligens et organisés, et leurs rapports sont des rapports de volonté et d'action, de *pouvoir* et de *devoir*, objets des sciences morales: nous ne parlons que de ces derniers rapports.

IV. Si la connoissance de la vérité forme la raison de l'homme, l'homme n'a donc pas

(1) Il y a un livre intitulé : *De la Raison et de la Vérité*. Ce titre est défectueux, parce que la vérité précède la raison pour la former.

de raison avant de connoître la vérité; il ne découvre donc pas la vérité par sa raison; il reçoit donc de la raison d'un autre être la connoissance de la première vérité, ou la première connoissance de la vérité qui forme les premières lueurs de sa raison, et qui se développe avec elle. Ainsi loin que l'homme découvre la vérité par la seule force de sa raison, il n'a de la raison que lorsqu'il a connu la vérité. D'ailleurs, l'homme ne connoît ses propres pensées que par leur expression; or, il a reçu ses premières expressions; donc il a reçu la première connoissance de ses pensées.

V. Cette raison qui éclaire l'esprit de l'homme, est la raison de celui qui lui a donné ses premières expressions, et par conséquent la connoissance de ses premières pensées; et qui est à son égard une *autorité*, puisqu'il est l'*auteur* de la raison (1), qui dirige et ordonne ses actions. Cet enseignement nécessaire de la vérité s'appelle *révélation*, manifestation faite par l'être qui sait à

(1) *Auctoritas*, synonyme d'*auctoramentum*, signifie sûreté, sanction, garantie, etc.

l'être qui ignore; et quoique cette expression ne s'applique qu'à la connoissance des vérités primitives donnée par Dieu même aux premiers hommes, il est vrai de dire que l'homme, même aujourd'hui, ne reçoit ses premières connoissances que par *révélation*, c'est-à-dire, par la transmission que ses instituteurs lui font de l'art de la parole, moyen de toute connoissance de la vérité; parole qu'il ignore, si on ne la lui transmet pas, qu'il n'invente pas quand il l'ignore, et qui seule remplit l'intervalle immense qu'il y a entre un enfant stupide trouvé dans les bois, et l'homme civilisé.

VI. Ainsi le premier moyen de toute connoissance est la parole reçue de foi et sans examen, et le premier moyen d'instruction est l'autorité. *Discentem oportet credere*, dit Bacon, *doctum expendere*; « c'est » à celui qui apprend à croire, à celui qui » sait à examiner ».... « L'autorité, dit » saint Augustin, au Traité de la vraie Re» ligion, demande de la docilité, et conduit » l'homme à la raison » (*a*).

VII. L'absence de toute vérité est l'ignorance absolue; le défaut de développement de la vérité est l'erreur; car l'erreur comme le mal n'est qu'un défaut, une privation, une négation, et l'on se rappelle que nous avons dit au Chapitre Ier., que la vérité étoit toujours dans nos pensées, et trop souvent l'erreur dans nos jugemens; parce que nous aurions presque toujours besoin, avant de juger, *d'un plus ample informé.*

VIII. Ainsi plus un être intelligent a de connoissance de la vérité, ou de science des êtres et de leurs rapports, plus il a de raison; en sorte que la souveraine raison, l'*omni-science*, et la suprême vérité, ne sont qu'une seule et même manière d'être.

IX. Si l'homme acquiert de la raison, la raison, et par conséquent la connoissance de la vérité, commencent pour l'homme (*b*): elles se développent ensemble, et l'une par l'autre; foibles d'abord et obscures, à cause de l'imperfection des organes qui transmettent à l'esprit l'expression de ses pensées, et qui sont le moyen de la connoissance de la vérité; plus fortes, plus étendues à mesure que les organes acquièrent leur maturité : ainsi la raison doit s'affoiblir, et la connoissance de la vérité s'altérer à mesure que les organes eux-mêmes s'affoiblissent, et penchent vers leur dissolution (*c*).

Notes du Chapitre III.

(*a*) L'enseignement de tout art, de toute science, commence par voie d'autorité, et ne peut commencer autrement. Quel est l'élève qui ne reçoive de cette manière les élémens de la grammaire, de la géométrie, de l'*analise*, et qui ne suppose sans examen les notions préliminaires de l'étendue, des nombres, de la quantité, du mouvement, etc. sur lesquels les savans disputent depuis des siècles? Je dis plus, et il seroit impossible d'instruire des hommes qui commenceroient par disputer de ces vérités. Un enfant passe à son maître, sans contester, des points sans étendue qui font de l'étendue, des lignes sans largeur qui font des surfaces; des surfaces sans épaisseur qui font des solides; *de plus par moins* qui donne *moins*, *de moins par moins* qui donne *plus*. Si l'on disputoit, sur les bancs, des mathématiques comme on dispute de la théologie et de la philosophie, on désoleroit les géomètres (1). Où en seroit le genre humain, si l'enfant et le sujet ne vouloient obéir que lorsqu'ils auroient compris la raison de l'obéissance?

(*b*) L'histoire de toutes les sciences, et particulièrement de la science de la société, n'est que l'his-

---

(1) C'est l'opinion du célèbre M. Kant.

toire des développemens de la vérité, et conséquemment des progrès de la raison.

(c) L'âme pense par le moyen du cerveau, et parle par le moyen de la voix, comme elle regarde par les yeux, écoute par les oreilles, agit par les mains; il ne faut pas dire qu'elle digère par l'estomac, parce qu'elle n'est pas maîtresse de cette fonction, ou du moins elle ne l'est pas immédiatement. Ce sont là les lois de l'union de l'âme et du corps, matière importante, et qui n'a pas été traitée comme elle peut et doit l'être. L'inaction de nos organes enchaîne l'activité de notre âme, plus active que le corps n'est agissant; et c'est ce qui faisoit désirer à saint Paul la dissolution de ses organes, pour jouir à découvert de l'éternelle vérité, *cupio dissolvi et esse cum Christo*. Les matérialistes confondent la pensée et le cerveau, la cause et le moyen, le pouvoir et son ministre. Les gens instruits les distinguent, et ne sont pas plus étonnés de voir la raison s'affoiblir par le dessèchement ou tout autre état du cerveau, que la vue baisser par l'obscurcissement des yeux, et l'ouïe devenir plus dure par le racornissement de l'organe auditif. « Ce qui est essentiel au corps d'un homme, » dit Malebranche après Descartes, est une certaine » partie du cerveau à laquelle l'âme est immédiatement » unie ». L'âme est une lumière enfermée dans un verre, qu'elle use par son activité. Les matérialistes n'y voient qu'un verre lumineux. « Brisez le verre, » disent-ils, et vous n'y verrez plus rien; brisez le » verre, disent les chrétiens, et vous y verrez beau-

» coup mieux ». On sera charmé de trouver ici un passage de Fénélon dans son *Traité de l'Education des Filles*, qui s'exprime ainsi sur le ministère du cerveau dans l'opération de l'esprit : « Le tempérament du cer» veau des enfans leur donne une admirable faculté » pour l'expression de toutes les images. La substance » de leur cerveau est molle, et elle se durcit tous les » jours. Pour leur esprit, il ne sait rien, et tout lui » est nouveau. Cette mollesse du cerveau fait que » tout s'y empreint facilement, et la surprise de la » nouveauté fait qu'ils admirent aisément, et qu'ils » sont fort curieux. Il est vrai aussi que cette mol» lesse et cette humidité du cerveau, joint à une » très-grande chaleur, leur donne un mouvement fa» cile et continuel ».

Dans ce passage, il faut distinguer l'idée générale du *ministère* du cerveau dans l'opération de la pensée, de l'explication particulière qu'imagine Fénélon, d'après la mauvaise *physiologie* de Descartes. On peut bien *imaginer*, mais on ne conçoit certainement pas le rapport qu'il y a entre la mollesse et l'humidité du cerveau, et l'ignorance, la curiosité, la légèreté de l'enfance; et puis que veulent dire ces impressions faites sur notre cerveau? Y a-t-il rien d'empreint sur le cerveau de l'homme le plus savant, et aperçoit-on à cet égard, même au microscope, la plus légère différence entre le cerveau de l'homme instruit et celui d'un imbécille? Et comment un si petit espace peut-il recevoir *l'empreinte* du passé, du présent, de l'avenir, de l'existant, et même du possible? La vérité

générale

générale est connue par une expérience générale, et par ces locutions communes à toutes les langues, qui toutes prennent le cerveau ou la tête pour l'esprit même : avoir de la tête, une bonne tête, une tête sans cervelle, etc., et qui nomment ainsi le *ministre* pour le *pouvoir*; mais quand on veut en expliquer le *comment*, on tombe dans le *particularisme* de l'imagination, qui ne présente que sous de vaines figures, les relations certaines entre des qualités physiques et des opérations intellectuelles. Dans tous les cas pareils, la réponse la plus sage est celle du docteur dans Molière : *Quare opium facit dormire? quia habet virtutem dormitivam.* Toutes nos connoissances sur la manière dont la pensée et l'organe agissent l'un sur l'autre, ne vont pas plus loin; et nous, qui nous croyons si habiles en physique, nous ne savons réellement que les généralités, et ce que nous connoissons le mieux est la métaphysique.

Je finirai par une dernière observation sur l'organe vocal. La lésion de l'œil empêche de voir, la lésion de l'organe vocal de parler, la lésion de l'organe olfactif d'*odorer*, etc.; mais la lésion de l'ouïe empêche de parler : on est muet dès qu'on est sourd, quoiqu'on puisse être muet sans être sourd. Cet effet particulier à ces deux organes, prouve mieux que de longs raisonnemens, que la parole ne peut venir que par transmission. Le sauvage de l'Aveyron, actuellement à Paris, n'est ni imbécille, ni sourd, ni muet; mais telle est l'extrême difficulté de parler, quand on n'a pas appris à le faire dès ses premières années, que cet enfant, âgé de quatorze à quinze ans, entouré, depuis deux ans, de leçons continuelles, et sans cesse avec des hommes qui lui parlent, ne peut faire entendre de parole, quoiqu'il entende celle des autres, et que lui-même articule *lait*, mais par exclamation seulement, et en signe de joie à la vue du mets qu'il aime le plus ; car il n'attache à ce mot aucune signification. Or, je le demande : qu'on suppose, avec Condillac, une troupe d'êtres pareils, et qu'on les mette ensemble pour inventer un verbe et les autres parties d'oraison, et en faire des phrases. La parole, venue par le commerce des êtres parlans, se conserve par le même moyen ; et on lit dans l'*Histoire des Voyages*, que Selkirk, Ecossois, avoit oublié sa langue, et même perdu la faculté de parler, pour avoir passé cinq ans tout seul dans l'île de Juan Fernandès. M. Pinel, médecin de l'hospice de Bicêtre, dans un ouvrage sur l'aliénation mentale, rempli d'observations profondes et de vues utiles, a remarqué que *l'idiotisme* ôte à l'homme la parole, et le conduit au mutisme : preuve frappante de la correspondance nécessaire de la pensée et de la parole, que l'homme qui n'a reçu aucune parole, ni *orale*, ni de geste, soit un idiot, et que lorsqu'il est idiot, il perde la parole qu'il avoit reçue ; également dégradé de l'humanité, soit qu'il ignore l'art de parler, soit que la faculté de penser lui manque.

CHAPITRE IV.

De l'Être général et suprême, de l'Être particulier et subordonné, ou de Dieu et de l'homme.

I. Si l'homme ne peut inventer la parole, le genre humain à son origine a reçu d'un être supérieur à l'homme la parole, par le moyen de laquelle il connoît ses propres pensées. Donc la première connoissance de l'homme pensant a été la connoissance d'un Être supérieur à l'homme. De cette connoissance ont dû suivre nécessairement des sentimens d'amour pour le bienfait, de crainte de la puissance, la volonté de les témoigner, l'action qui les témoigne; l'adoration a été la première pensée, et la première parole a été un culte.

II. L'homme, cause seconde de tous les effets, a transmis la parole, comme il transmet la vie, et avec la parole la connoissance de ses pensées. Partout où il existe des hommes qui parlent un langage articulé, on doit donc trouver la connoissance d'un quelque être supérieur à l'homme, le nom de cet être, objet de l'amour ou de la crainte de l'homme; et les actions extérieures qui sont l'expression de cet amour ou de cette crainte (*a*).

III. Or, partout où les hommes ont rencontré de leurs semblables, ils ont trouvé un langage articulé, et la parole qui exprime l'être supérieur à l'homme, objet de son amour ou de sa crainte; ils ont trouvé sous des formes différentes, la connoissance, l'adoration et le culte de quelque Divinité : croyance de tous les peuples, que Cicéron appelle « la voix de la nature, et la preuve » de la vérité », *vox naturæ et argumentum veritatis.*

IV. Cet être, les hommes l'appelèrent *Dieu*, ou de tout autre mot correspondant (presque toujours monosyllabique) universellement entendu de tous les hommes qui parloient la même langue (*b*).

V. Mais par cela seul que les hommes s'entendoient en parlant de Dieu, ils avoient tous une même idée de Dieu, et de ce qu'étoit Dieu à leur égard. En effet, comme l'homme n'a de connoissance des êtres que par ses pensées, il s'ensuit que l'homme voit ses pensées, et par conséquent se voit lui-même dans tous les êtres. Ainsi l'homme conçut avec facilité la pensée d'une volonté qui a produit la généralité des êtres, et du pouvoir qui les conserve, comme il concevoit en lui-même la pensée de sa propre volonté qui reproduit les êtres particuliers, et de son pouvoir particulier sur les êtres subordonnés. Là auroit dû s'arrêter la raison, et Dieu étoit connu de l'homme (*c*).

VI. Mais l'imagination voulut aller plus loin. L'homme avoit l'idée claire et distincte de la *volonté* de Dieu; il voulut se faire l'image de l'*action* de Dieu dans la production des créatures; et comme il voyoit ses propres organes être l'instrument de son action particulière, il attribua des organes à la Divinité, pour expliquer son action, et il s'en fit des *images taillées*: en lui attribuant ses sens, il lui attribua ses sexes, ses passions, ses foiblesses; de là les absurdités de l'idolâtrie, et les abominations de son culte, qui commença par faire un homme de Dieu, et qui finit par faire ses dieux des hommes.

VII. La connoissance de la Divinité donnée aux peuples en état natif ou naissant, conservée chez les peuples en état naturel ou perfectionné, s'altéra donc chez les peuples en état corrompu, et les Grecs, peuple dégénéré et cause première de la dégénération des peuples, peuple mauvais, accusé par toute l'antiquité d'avoir altéré les traditions primitives, parce qu'amoureux de fables et d'allégories, il mit la vérité en vaines *images*, les Grecs défigurèrent l'idée de la Divinité, au point que leurs sages ne la reconnoissant plus, préférèrent d'en nier l'existence.

« *Primùm graviùs homo mortales tollere contra,*
» *Est oculos ausus* »..... LUCRET.

Notes du Chapitre IV.

(*a*) Il n'est pas d'absurdités que les philosophes modernes n'aient dévorées, plutôt que de supposer l'homme sorti primitivement des mains du créateur, formé dans son corps d'élémens terrestres, puisque son corps se résout en terre, animé d'un esprit non égal, mais semblable à l'esprit divin, puisque son esprit pense l'esprit divin. Mais comment et par quels moyens cette création s'est-elle opérée, demande l'imagination? Là s'arrête la pensée; car l'homme a plus d'idée que d'images, puisque l'idée est générale, et que les images sont locales et particulières. Ainsi l'idée conçoit généralement le temps et l'espace; l'imagination compte une à une l'heure, et mesure le corps.

(*b*) Dieu, venu du latin *Deus*, du grec *Theos*, se retrouve dans le *Thaut* égyptien, et le *Theutatés* gaulois, comme le *Jehovah* hébreu se retrouve dans le *Jou* grec, dont on a fait *Joupater*, ou *Jupiter*, qui fait aux *cas* suivans, *Jovis*, *Jovi*, *Jovem*. La remarque est de Leibnitz, car il faut rendre à chacun ce qui lui appartient. Ce grand homme attache beaucoup d'importance à ces antiques étymologies, et les regarde comme les dépositaires des premières vérités.

Eternel seroit-il l'adjectif formé du mot *être*, comme *temporel* l'est de *temps*, *annuel* d'*an*, etc.? Car *être*, étymologiquement si différent de l'*esse*, latin, semble présenter dans sa dernière syllable *tre*, qui est la même chose que *ter*, l'expression des trois temps de la durée qui composent l'éternité, *ævi-ternus* ou *æternus*.

« Dieu est possible, dit Descartes : donc il est; car » s'il n'étoit pas, il ne seroit pas possible qu'il fût »; puisque nul autre être ne pourroit réaliser cette possibilité, et le faire être. Il faut, pour ruiner cette preuve, soutenir que Dieu est impossible, et c'est ce qu'on n'a pas essayé. Condillac n'a pas compris cette preuve de Descartes. Ma preuve est plus simple « Les hommes » nomment Dieu, donc il est ». Car s'il n'étoit pas, il ne seroit pas nommé. Donc Dieu est cause universelle, moteur suprême, pouvoir souverain, attributs conséquens à l'idée de Dieu, et dont aucun n'implique contradiction, comme rond-carré, peuple-souverain, fils-père, sujet-pouvoir dans le même Etat. Aussi Condillac a attaqué le principe de la contradiction, qui est l'épreuve de la fausseté de nos jugemens.

(*c*) Partout où la raison de l'homme ne sera pas égarée par l'imagination, l'homme tirera sans effort ces conséquences si naturelles, conclura de l'ordre particulier à l'ordre général, et de l'ordre général à la nécessité de l'ordre particulier. Le plus simple bon sens s'accorde parfaitement dans ces conclusions avec le génie : ce sont les deux extrêmes de l'homme, et ils se touchent. Ils sont tous les deux de la famille de la raison ; mais le bon sens, plus modeste dans ses goûts, s'occupe d'affaires domestiques ; le génie plus entreprenant se lance dans la carrière publique. « Un homme est plus grand génie, » dit Terrasson, à mesure qu'il est plus homme d'Etat, » et qu'il voit mieux ce qui va au bien de la société » civile ». Le bon sens conçoit que le Tout-Puissant a pu tout faire, et le génie démontre la nécessité de cet être tout-puissant ; mais combien d'imagination ne faut-il pas pour se figurer un monde qui se fait tout seul avec des atomes ronds et crochus ; à force des mouvemens sans impulsion, d'ordre sans lois, d'effets sans cause, l'homme né d'un poisson ou de la chaleur du soleil? Quand ma raison me dit qu'il existe un être nécessaire, que cet être est nécessairement tout-puissant, que le Tout-Puissant a tout fait, qu'ai-je besoin d'imaginer comment il a fait la moindre chose? car la difficulté est la même pour le plus petit germe qui renferme un monde de germes, comme pour le monde qui renferme tous les germes. Il m'est aussi difficile de concevoir pourquoi l'homme, avec toute la matière à sa disposition et son étonnante industrie, ne peut pas faire une graine, lui qui fait des navires et des palais, que d'imaginer comment Dieu a fait les germes sans une matière préexistante.

CHAPITRE V.

Des rapports de Dieu et de l'homme.

I. TOUS les peuples ont donc connu la cause la plus universelle ou Dieu, l'effet le plus universel ou l'homme ; universel, puisqu'il renferme en soi l'esprit et la matière, hors desquelles il n'y a rien dans l'Univers, universel encore, parceque tout se rapporte à lui, comme objet de ses pensées ou sujet de son action.

II. Mais ces deux termes extrêmes de tout le système des êtres, la *cause* et l'*effet*, partout pensés, partout nommés, ces deux termes en rapport nécessaire, puisque le mot d'*effet* exprime par lui-même un rapport à la *cause*, et le mot de *cause* un rapport à l'*effet*; ces deux termes, dis-je, ne donnoient pas aux hommes des lumières sur la nature de leurs rapports avec Dieu. Quel étoit le *moyen* de leurs relations avec l'être suprême, ou plutôt, par le moyen de quel être la grandeur de Dieu, Être général, se *proportionnoit*-elle à la foiblesse de l'homme

Être particulier et local, et l'infirmité de l'effet, à la perfection de la cause? C'étoit là la grande énigme de l'Univers, dont la solution a été *un scandale aux Juifs et une folie aux Gentils.* Ici l'importance des objets, et, j'ose dire, la nouveauté des raisons, sollicitent l'attention des esprits, même les plus prévenus, contre le fond des croyances religieuses, ou contre toute nouvelle forme de les présenter. Car si les uns ne lisent pas, parce qu'ils ne veulent pas apprendre, les autres condamnent, parce qu'ils croient ne rien ignorer, et qu'ils ne peuvent pas se persuader cette vérité fondamentale; que pour l'intérêt de la société, la vérité se développe à mesure que l'erreur s'aggrave et s'étend, et qu'il n'est aucune vérité, absolument aucune, qui soit positivement interdite à l'intelligence humaine.

III. L'homme avoit donc, dès son origine, une connoissance des deux termes extrêmes de l'univers, *Dieu* et l'*homme*, la *cause* et l'*effet*. Mais pour établir entre eux une *proportion* qui fût le fondement de l'Ordre général et particulier, il falloit un terme *moyen*, rapport ou *raison* entre les deux autres ; un être *medius* ou médiateur, car il n'y a, en général, de rapports connus, et de *proportion* déterminée, que lorsque les trois termes de toute proportion, *extrêmes* et *moyen*, sont connus (1).

IV. *Proportion*, *rapports*, ou *raison*, êtres ou *termes extrêmes* de la société, être *moyen*, ou médiateur ; (car ces mots sont synonymes), toutes ces expressions, non-seulement peuvent être employées en parlant de Dieu et de l'homme, et de leurs rapports ; mais elles sont usitées : et dans quel ouvrage sur ces matières, ne trouve-t-on pas ces locutions : « Dieu a *proportionné* sa grandeur à la foiblesse de sa » créature, *les rapports* de Dieu à l'homme, » et de l'homme à Dieu.... » ? et la religion chrétienne tout entière, qu'est-elle autre chose que la connoissance du *rapport* entre l'extrême puissance de Dieu, et l'extrême infirmité de l'homme et du *moyen* de leurs relations ? et n'est-ce pas dans cette connoissance qu'est la *raison* de toute société ?

(1) Ici je suppose au lecteur quelque connoissance des proportions, une des plus belles et des premières parties des mathématiques.

V. Mais ces mêmes expressions, *proportions*, *rapports* ou *raison*, *extrêmes*, *moyen*, etc. se retrouvent dans la science des êtres physiques, et de leurs rapports de nombre et d'étendue : ces expressions sont donc communes à l'ordre moral et à l'ordre physique. Elles sont donc générales ou *mathématiques* ; car *mathématique* veut dire la doctrine en général, la science par excellence, et sous cette acception étendue, elle peut embrasser les sciences morales comme les sciences physiques.

VI. Or, ou le langage humain n'est qu'un vain bruit, ou l'identité des expressions désigne la similitude des pensées, et l'unité des vérités. Car si la pensée ne nous est connue que par la parole, comment les mêmes paroles exprimeroient-elles des pensées différentes ? Il faut contester ce principe, ou en admettre toutes les conséquences.

VII. Ici les faits s'accordent avec le raisonnement, et nous montrent un être-*moyen*, ou médiateur connu des nations du monde les plus éclairées dans la science des choses morales, comme le *rapport* nécessaire, et le *moyen* d'union entre Dieu et l'homme : nous le voyons dans les livres hébreux promis au genre humain, et cette promesse toujours subsistante dans la société où Dieu et l'homme étoient le mieux connus, former le dogme fondamental et constitutif de ce peuple, qui attendoit le médiateur sous le nom de *messie* ou d'*envoyé*, et qui l'attend encore, même après qu'il est venu.

VIII. L'être *moyen* ou médiateur est donc l'être qui unit l'homme à Dieu, et qui est le rapport entre eux. Mais les êtres ne nous sont pas connus en eux-mêmes, et ne le sont que par leurs rapports. La connoissance du médiateur entre Dieu et l'homme fait donc connoître Dieu et l'homme. Ainsi il y aura connoissance de Dieu et de l'homme, partout où le médiateur sera connu; et ignorance de Dieu et de l'homme, partout où le médiateur sera ignoré. Là où il y a connoissance de Dieu, de l'homme et de leurs rapports naturels, il y a nécessairement des lois parfaites qui sont l'expression des rapports naturels, il y a *civilisation*, qui est la perfection des lois religieuses et politiques, divines et humaines : et là où il y a ignorance de Dieu, de l'homme et de leurs rapports naturels, il y a des lois fausses qui sont l'expression de rapport contre nature, il y a barbarie, qui est la dépravation des lois. La civilisation suivra donc de la connoissance du *médiateur*, et la barbarie de l'ignorance du *médiateur*; et il y aura plus de civilisation là où il y aura une connoissance plus développée du médiateur, et plus de barbarie là où il y aura plus d'ignorance. La question est donc réduite à des faits. Or il y a eu ignorance profonde de la nature de Dieu, et des besoins de l'homme, absurdité dans le dogme, abomination dans le culte, atrocité dans les lois, férocité dans les mœurs, *peur* de Dieu, haine de l'homme; barbarie enfin chez les idolâtres qui ont ignoré le médiateur; et il y a plus de connoissance de la nature de Dieu et des devoirs de l'homme, moins d'absurdité, de désordre, d'atrocité, de férocité, de peur de Dieu, de haine de l'homme, de barbarie, en un mot, chez les Mahométans qui ont une connoissance confuse du médiateur. Ainsi il y a eu connoissance de la nature de Dieu et des besoins de l'homme, raison dans le dogme, sagesse dans le culte, bonté dans les lois, vertu dans les mœurs, amour de Dieu et de l'homme, ordre enfin ou civilisation commencée chez les Juifs, qui ont eu une connoissance certaine du médiateur promis; et il y a toute connoissance de la nature de Dieu et des besoins de l'homme, du *pouvoir* de l'un et des *devoirs* de l'autre, toute raison, toute sagesse, toute bonté, toute vertu, amour parfait de Dieu et de l'homme, ordre parfait ou civilisation *consommée* dans la société chrétienne, qui a une connoissance pleine et entière du médiateur venu (*a*).

IX. Ainsi, il y a eu oubli de Dieu et oppression de l'homme, partout où il y a eu ignorance du médiateur entre l'homme et Dieu.

X. Pour résumer en peu de mots la série des propositions énoncées dans les Chapitres précédens, qu'on peut regarder comme une introduction à toute science morale :

1°. La raison est une pensée conforme à la vérité; la vertu est une action conforme à la raison.

2°. La vérité est la science des êtres et de leurs rapports.

3°. La

3°. La généralité des êtres est comprise sous ces expressions abstraites (*b*), *cause*, *moyen*, *effet*, hors desquels nul être n'est ni ne peut être ; puisque ces expressions comprennent tous les états même possibles de l'être, et que la pensée ne peut en *idéer* ou en concevoir d'autres.

4°. Si les états possibles de l'être sont tous compris sous ces trois expressions, *cause*, *moyen*, *effet*, les rapports des êtres entre eux sont tous compris dans cette *proportion continue* : « la cause *est au* moyen, ce que le » moyen *est à* l'effet » ; ou : « l'effet est au » moyen, ce que le moyen est à la cause » ; ce qui veut dire que la *cause* agit sur le *moyen* pour le déterminer, comme le *moyen* agit sur l'*effet* pour le produire (*c*). Ainsi le chef commande à ses officiers, et les officiers aux sujets. Ainsi le père a autorité sur la mère, et la mère sur l'enfant, etc. etc.

5°. Donc, il n'y a de vérité qui est la connoissance des êtres et de leurs rapports ; de raison qui est connoissance de la vérité ; de vertu qui est conformité des volontés et des actions à la raison ; de civilisation enfin qui est raison et vertu dans la société, que là où les termes de la proportion et la proportion elle-même ont été connus (*d*).

Notes du Chapitre V.

(*a*) Les expressions *proportion*, *rapport*, *moyen*, *extrêmes*, et autres semblables, désignent des généralités, et par conséquent conviennent à toute science des êtres en général; *raison carrée* ou *cubique*, désigne des *particularités*, et ne convient qu'à l'ordre particulier ou physique; la langue même avertit du point où l'on peut aller, et de celui où l'on doit s'arrêter, et elle se refuse à exprimer ce qu'on ne doit pas penser. On dit vertu *superficielle*, *superficie des corps*, *solidité*, *étendue*, *légèreté*, *force de l'esprit*, *solidité*, *étendue*, *légèreté*, *force des corps*; c'est là la langue des généralités, qui, comme la monnoie d'un grand Etat, a cours partout. Mais on ne dit pas *vertu carrée* ou *carré vertueux*, *prudence hexagone* ou *cercle prudent*: c'est ici la langue des *particularités*, qui, comme la monnoie d'un petit Etat, n'a pas de cours hors de ses limites. Ces considérations, extrêmement belles dans leurs détails, favorisent l'opinion de Malebranche sur *l'étendue intelligible* que nous voyons, selon ce philosophe, en Dieu, *région éternelle des essences*, ou des généralités, comme l'appelle Leibnitz, et dont l'univers physique n'est que l'*action*.

On dit donc les *rapports* de l'homme à Dieu, parce que le mot abstrait *rapports* est de la langue *mathé-*

matique ou de la science en général, et représente une idée générale qui appartient à l'ordre général des vérités; et on ne dit pas *racine carrée* de Dieu et de l'homme, parce que le mot concret *racine carrée* ou *cubique*, est de la langue arithmétique, ou de la science des nombres en particulier, et représente une idée particulière qui ne convient qu'à un ordre particulier de vérités. Le mot *puissance* est encore l'expression abstraite d'une idée générale, et peut s'appliquer à l'ordre moral comme à l'ordre physique; et il seroit *françois* de dire que dans cette sublime expression, *je suis celui qui suis*, Dieu semble, par cette *multiplication* dans l'expression de son être, *s'élever lui-même à la plus haute puissance* de l'être.

(*b*) Les idées *générales* ou simples sont exprimées par des mots *abstraits*. *L'abstraction* est dans les mots, la *généralité* dans les idées. C'est ce que Condillac a confondu perpétuellement, comme il confond le général et le collectif, c'est-à-dire, l'esprit et la matière. Voici un exemple sensible de la différence du général au collectif. *Armée* est l'expression particulière d'une idée composée ou collective qui comprend tout le matériel de l'armée. *Général* (*dux*) est l'expression abstraite d'une idée générale qui comprend toute la pensée ou la volonté de l'armée. Les idées générales sont toutes simples et indécomposables; les idées particulières sont toutes composées, ou de parties, comme un arbre, un animal; ou d'individus, comme armée, multitude, genre, espèce, et ces dernières idées s'appellent *collectives*. Justice, raison, sagesse, sont des idées simples ou générales, d'idées *unes*; et voilà pourquoi on ne dit pas au pluriel les prudences, les sagesses, etc., comme on dit des armées, des genres, etc.; toutes les idées *unes* ne sont, au fond, que l'idée d'un seul et même être, de Dieu. Idées particulières ou composées, idées simples ou générales; toute autre division rentre dans celle-là. Il faut peu diviser en métaphysique.

(*c*) L'expression *est à*, caractéristique de toute proportion, parce qu'elle exprime tout rapport en général, se traduit autrement dans la langue de la métaphysique que dans la langue de la géométrie. Dans celle-ci, *est à* veut dire *contient*; 4 *contient* 2, comme 8 *contient* 4. Dans l'autre, *est à* veut dire *agit sur*, *détermine*, *produit*.

(*d*) La philosophie tout entière n'est que la science de la *cause*, du *moyen* et de l'*effet*. Elle est purement *rationnelle*, si elle s'élève aux causes; *empirique* ou expérimentale, si elle se borne aux *effets*. Le matérialisme ne connoît que des *effets*, des *faits*, et l'athéisme nie la cause; ce qui revient au même.

Le déisme, qui est la doctrine des plus sages des anciens, et des moins sages des modernes, ne connoît que la *cause* et les *effets*, et nie le moyen ou médiateur. *To on*, dit Platon, *to genomenon*; *ce qui est*, *ce qui est fait*. La philosophie chrétienne connoît seule la cause, le moyen et l'effet; seule elle connoît Dieu, l'homme, leur nature et leur rapport. C'est avec raison que saint Paul dit, « qu'il ne veut connoître » d'autre science que celle du médiateur », puisque toute science en morale est renfermée dans la connoissance de l'être par qui tout a été fait ou réparé dans l'ordre moral, et il sembleroit même dans l'ordre matériel. En effet, on voit dans les livres qui contiennent ces hautes vérités, la *sagesse* de Dieu, que la religion chrétienne regarde comme la personne du verbe ou du médiateur, « *assistant* la cause suprême de l'Univers lorsqu'elle étendoit les cieux, creusoit les abîmes, renfermoit la mer dans ses bornes, affermissoit la terre sur ses fondemens, balançoit le globe sur ses pôles »; architecte universel de ce souverain propriétaire des mondes, *se jouant dans ses ouvrages, et faisant ses délices d'être avec les enfans des hommes;* description sublime, étonnante de pompe et de magnificence, et à laquelle on ne connoît rien qui puisse être comparé. « Il semble que quelques pères, » dit Leibnitz, aient conçu deux filiations dans le » verbe de Dieu avant qu'il se soit incarné; celle qui » le fait fils unique en tant qu'il est éternel dans la » Divinité, et celle qui le rend l'aîné des créa» tures, distinguant et séparant l'*unigenitum, à primo* » *genitu creaturæ*, le fils unique, du premier né, et » concevant que dès le commencement des choses, le » verbe éternel a été revêtu *d'une nature créée, la* » *plus noble de toutes, qui le rendoit l'instrument de* » *la Divinité dans les productions des autres na*» *tures, etc.* ». L'autorité religieuse n'a pas prononcé sur cette opinion inutile au salut des hommes, et je n'ai moi-même voulu autre chose que faire voir que le philosophe pouvoit aller sur ces matières aussi loin que le docteur.

CHAPITRE VI.

De l'Ordre général et particulier.

I. LA *cause*, le *moyen*, l'*effet*, comprennent tous les êtres : *la cause est au moyen, ce que le moyen est à l'effet*, comprennent tous les rapports, les rapports universels, l'*Ordre* en un mot de l'Univers ; car l'Ordre est l'ensemble des rapports des êtres (*a*).

II. Cet ordre général se subdivise et se particularise en deux ordres moins généraux, appelés aussi *mondes* : le monde physique et le monde social.

III. Dans chacun de ces ordres particuliers (relativement à l'ordre général), les expressions, *cause*, *moyen*, *effet*, prennent des noms particuliers, et par la même raison, la proportion, de générale qu'elle étoit, devient particulière.

IV. La *cause* conservatrice du monde physique s'appelle *premier moteur*; le *moyen général* de conservation est le *mouvement*; les *effets* sont les *corps*. Cet ordre du monde physique se subdivise encore en systèmes particuliers, où le moyen ou même l'effet dans un système supérieur, devient cause dans un système inférieur, ce qui a fait donner au moyen et à l'effet le nom de *causes secondes* : ainsi le soleil, qui est un *effet* de la création, et le *moyen* général de reproduction, devient *cause seconde* de fécondation, lorsqu'on considère les vapeurs qu'il élève, et qui se résolvent en pluie comme un *moyen* de fécondité. L'homme physique qui est *effet* du mouvement général, devient moteur lui-même, ou *cause*, et emploie des *moyens* ou instrumens par lesquels il applique le mouvement général à un système particulier ; car tous les arts mécaniques ne sont que le mouvement *général*, appliqué à une fin particulière (*b*).

V. Dans le monde social ou moral, le seul dont il soit question ici, et qui est l'Ordre des êtres intelligens et organisés, des êtres qui veulent et qui agissent, qu'on appelle *société*, la cause prend le nom particulier de *pouvoir*, le moyen celui de *ministre*, l'effet celui de *sujet*; *pouvoir*, *ministre*, *sujet*, qui comprennent tous les êtres de la société, comme *cause*, *moyen*, *effet* comprennent tous les êtres de l'Univers.

VI. Ainsi les rapports des êtres en société, sont tous compris sous cette proportion : « Le » pouvoir est au ministre, ce que le ministre » est au sujet »; comme les rapports des êtres qui composent l'Univers, sont tous compris sous cette proportion : « la cause est au » moyen, ce que le moyen est à l'effet »; et l'homme lui-même, constitué comme la société et comme l'Univers, l'homme considéré dans le système particulier de ses facultés morales et physiques, est tout compris sous cette proportion : « la volonté agit sur les » organes, et les organes agissent sur un » objet ».

VII. Le ministre est le *moyen* terme, le moyen *proportionnel* entre le pouvoir et le sujet. Cette proposition nous ramenera à l'ordre de la société, lorsque nous aurons considéré le moyen universel, *médiateur*, *ministre* universel, *pontife* ; *sanctorum minister*, *mediator*, *mediator unius non est*, dit saint Paul, *Pontifex*, etc.; car les livres saints lui donnent tous ces noms.

Notes du Chapitre VI.

(*a*) La science du *moyen* explique tout. L'homme, par exemple, ne fait rien sans moyen, ou intermédiaire, et l'intelligence dans l'emploi et la recherche des moyens est ce qui le distingue des brutes. Il exprime ses pensées par le moyen ou le ministère (1) de la parole, et il accomplit sa volonté par le moyen ou le ministère de son action. Il étend et multiplie son action physique par le moyen d'instrumens; il apprend par le moyen d'un maître, il enseigne par le moyen d'une méthode; les sciences et les arts ne sont que des moyens. La médecine est le moyen de guérir; la jurisprudence le moyen de concilier les différends; l'architecture est le moyen de construire; une arme est un moyen d'attaque ou de défense; la charrue est un moyen entre l'homme et la terre qu'il cultive; l'intelligence humaine consiste à connoître la nécessité de moyens, sa curiosité à les chercher, sa sagacité à les découvrir, son industrie à les mettre en œuvre. Cette intelligence est refusée à la brute, qui n'emploie guère d'autres moyens extérieurs que ses alimens et son nid, moyens dont l'invariable uniformité dans chaque individu de la même espèce annonce

(1) Ce qui prouve l'identité de ces deux expressions, est qu'on peut dire également : Le prince juge *par le moyen d'un ministre*, la cause agit *par le ministère du moyen*.

qu'une intelligence autre que celle des brutes, les a renfermées dans les limites de l'étroit nécessaire qu'elles n'ont jamais tenté de dépasser. Le seul art de faire du feu par le *moyen* de l'air et de matières combustibles, met entre l'homme le plus stupide et la brute la plus intelligente l'intervalle de l'être au néant.

(*b*) L'homme ne peut imaginer ou se figurer, sous aucune image particulière, la première impulsion, mais il en conçoit la nécessité générale, et cela suffit; et lui-même, lorsqu'il donne le mouvement à son bras, imagine-t-il comment sa volonté s'exécute, et peut-il se *figurer* cette relation de sa pensée à ses muscles, ou celle de ses organes à sa pensée? car les nerfs sont le *moyen* de transmission à la pensée, et les muscles le moyen d'exécution de la volonté. La vue, l'ouïe, le tact, qui comprend le goût et l'odorat, transmettent à la pensée la présence et les qualités des corps, les organes de la *locomotion* exécutent les volontés qui naissent à l'occasion de ces transmissions; mais les relations de la pensée aux organes comme moyen de transmission, et celles de la volonté aux organes comme moyen d'exécution, nous sont également inconnues.

CHAPITRE VII.

Du Moyen universel, ou du Médiateur.

I. Le langage universellement entendu, nomme le *moyen* ; la raison en conçoit la nécessité, les faits en prouvent l'existence.

II. Quel est ce moyen universel placé entre la cause universelle, et l'effet universel? ou plutôt comment se nomme ce *moyen* entre la *cause* nommée *Dieu*, et l'*effet* nommé *homme?* Les hautes considérations dans lesquelles nous allons entrer, sont une conséquence naturelle de ces principes déjà énoncés, que là où il y a identité d'expressions, il y a similitude de pensées, et unité dans les vérités; que s'il y a *rapport* de Dieu à l'homme, il y a entre eux *proportion* possible à déterminer, puisqu'une proportion n'est qu'un ensemble de rapports; que si notre esprit connoît des *proportions* entre des êtres différens, il ne connoît pas deux genres différens de *proportions*; et déjà nous avons remarqué dans les locutions les plus familières de la langue, les rapports généraux ou les *harmonies* de l'intellectuel et du physique (*a*).

III. Nous nommons *Dieu* et l'*homme*, termes *extrêmes* entre lesquels nous cherchons à connoître, c'est-à-dire, à *nommer* un rapport qui les unisse, et par le moyen ou ministère de qui Dieu et l'homme, la perfection et la foiblesse, puissent se *proportionner* l'une à l'autre, et se rapprocher.

IV. Mais avant de tirer de ces expressions, *rapport* et *proportion*, les démonstrations qu'elles peuvent nous fournir, il faut remarquer que notre raison consent à cette vérité : qu'un être par le moyen ou ministère de qui deux êtres s'unissent, doit être nécessairement d'une nature commune à l'un et à l'autre, sans quoi il ne pourroit être moyen proportionnel ou d'union entre eux. Ainsi, il doit être corps entre deux corps, ligne entre deux lignes, nombre entre deux nombres, esprit même entre deux esprits; cette vérité est de tous les systèmes, parce qu'elle est une vérité générale. Ainsi la raison nous dit que l'être qui doit être *moyen* ou médiateur entre le fini et l'infini, l'intellectuel et le physique, Dieu et l'homme, doit être lui-même nécessairement infini sous un rapport, et fini sous un autre, intelligence et corps, Dieu et homme.

V. Mais si nous cherchons à nous rendre une raison plus générale encore de la justesse de ces pensées sur la nature du *moyen*, et que nous rappelions les expressions *générales* de *proportion* et de *rapports* que nous avons employées, nous trouverons dans les lois *générales* de la formation des *proportions*, lois générales dont nous faisons une application particulière à la science de l'*étendue* linéaire et numérique ; nous trouverons, dis-je, des manières *générales* aussi de résoudre le problème cherché, et de trouver le nom du *moyen*, puisque nous connoissons le nom des *extrêmes*.

VI. Or rien ne s'oppose à ce que nous consultions ces lois générales des *proportions* et *des rapports*, même pour l'ordre moral, puisque l'identité d'expressions nous est un sûr garant de l'unité de vérités. Et d'ailleurs le raisonnement que nous allons faire, sera soumis à l'expérience du langage universel, et l'être que nous cherchons par cette voie ne sera pas, s'il n'est pas déjà nommé ou connu par son nom *(b)*.

VII. Ainsi, en consultant la règle générale, et la plus générale des *proportions*, *le moyen égal aux extrêmes*, et construisant ainsi la proportion générale ou métaphysique, « Dieu est au moyen cherché, ce » que ce moyen est à l'homme »; ou bien en renversant la proportion, commençant par l'homme et finissant par Dieu, nous trouverons toujours le nom, et par conséquent l'être *Dieu-Homme* ou *Homme-Dieu*, comme *moyen* ou *médiateur* entre Dieu et l'homme. Cet être prodigieux, s'il existe, aura un *nom*, et ce nom ne sera pas inconnu aux hommes: je le demande aux peuples modernes civilisés, et même les seuls civilisés qu'il y ait, et ils me répondent qu'il est parmi eux, depuis dix-huit siècles, un signe de *contradiction*, sujet à la fois d'adoration et de scandale; je le demande au seul peuple de l'antiquité qui ait été civilisé, au peuple le plus ancien des peuples, au Juif, et il me répond qu'il le connoît dès les premiers jours du monde, sous le nom de *Messie*, qu'il l'a attendu et qu'il l'attend encore dans les derniers temps.

VIII. Si l'Homme-Dieu est le moyen ou médiateur cherché entre Dieu et l'homme, on peut donc dire : « Dieu est au Dieu-» Homme, ce que le Dieu-Homme est à » l'homme » ; ou bien, « l'homme est à » l'Homme-Dieu, ce que l'Homme-Dieu » est à Dieu » ; comme on dit : « La cause » est au moyen, ce que le moyen est à l'ef-» fet » ; ou : « L'effet est au moyen, ce que » le moyen est à la cause ». Non-seulement on peut le dire, mais on le dit, quoiqu'en d'autres termes. Tout l'enseignement du christianisme, principalement dans les épîtres de saint Paul, se réduit à cette proportion, développée sous mille formes, et traduite de mille manières, dans la langue particulière du christianisme (*c*).

IX. Ainsi depuis dix-huit siècles, la religion chrétienne entretient avec simplicité les plus petits de ses enfans, de ces vérités que la méditation la plus sévère du philosophe lassé de contradictions, n'aborde qu'en tremblant, et comme ces terres inconnues où le navigateur est jeté après une longue tempête. Ainsi il se trouve même dans la philosophie, ce médiateur ineffable entre Dieu et l'homme, ce ministre universel du pouvoir de Dieu sur les hommes, *moyen*, par qui tout a été fait et réparé, et la raison montre la nécessité de l'être dont la religion enseigne l'existence. Qui n'admireroit cette doctrine sublime qui *humanise* Dieu, qui *divinise* l'homme, qui fait connoître comme Dieu, qui rend *présent réellement* comme homme (*d*), cet être auguste, *fils de Dieu*, et *fils de l'homme*, envoyé par l'un, venu pour l'autre, *faisant*, dit-il lui-même, *la volonté de celui qui l'a envoyé*, et à qui tout *pouvoir a été donné* sur le monde des esprits et sur le monde des corps, réunissant dans sa seule personne, la nature divine et la nature humaine, toutes les grandeurs de la Divinité, et toute l'infirmité corporelle de l'humanité? Mais l'admiration n'est-elle pas à son comble, lorsqu'on voit ce pain des forts mis en lait pour nourrir les foibles, et la religion chrétienne déduire de ces hautes vérités les conséquences usuelles les plus utiles au bonheur de l'homme, à la prospérité des familles, à la puissance des États, les plus propres à porter les hommes à la vérité, à les détourner du vice,

vice, à leur inspirer la modération dans la bonne fortune, la patience dans l'adversité, la fermeté dans le malheur, à leur enseigner les devoirs domestiques et les devoirs publics, l'amour de Dieu et l'amour de leurs frères? et cependant on voit des hommes livrés à l'étude de quelques sciences particulières, et qui se disent amis de la sagesse, nier hardiment ces vérités sur lesquelles ils n'ont arrêté que le regard du mépris et de la haine, blasphémer ce qu'ils ignorent, détournés, comme dit Bacon, par un peu de science, du but et de l'objet de toute philosophie.

Certes, lorsqu'on méconnoît d'un bout de l'Europe à l'autre ces vérités nécessaires et fondamentales de tout ordre social, lorsqu'il *n'y a plus de foi sur la terre*, c'est-à-dire, de foi extérieure dans les sociétés, dont le plus grand nombre des gouvernemens font de la religion leur moyen, au lieu de se regarder eux-mêmes comme ses ministres, seroit-il besoin de se justifier devant des esprits timides et des âmes timorées, d'oser soulever un coin du voile qui dérobe ces vérités aux regards inattentifs? et y auroit-il des chrétiens d'une foi assez foible pour penser qu'elles seront moins respectées à mesure qu'elles seront plus connues (*e*)?

Notes du Chapitre VII.

(*a*) Voyez la note (*a*) du chapitre V, qu'il est utile de relire ici.

(*b*) Je ne peux m'empêcher de revenir encore sur la vérité de ces expressions générales, *rapport* et *proportion*, *moyen*, etc., propres à l'ordre général, et sur le transport, pour ainsi dire, que j'en ai fait à l'ordre de la société. *Vertu superficielle*, *esprit étendu*, *caractère solide*, sont des expressions usuelles et partout entendues de pensées vraies. Pourquoi cela? parce que ces mots *solide*, *superficiel*, *étendu*, et, d'un autre côté, *caractère*, *vertu*, *esprit*, sont tous des expressions abstraites de pensées générales de l'ordre physique et de l'ordre moral; et qu'il y a accord parfait entre toutes les pensées qui sont générales, et leurs expressions qui sont abstraites. Mais si je dis *vertu carrée*, *esprit long*, ou bien *carré vertueux*, *surface ingénieuse*, etc., je ne suis pas entendu, quoique je me serve de mots usités; il y a ridicule dans l'expression, parce qu'il y a fausseté dans les pensées, défaut d'accord et d'harmonie, et que j'unis des pensées de l'ordre général ou moral, *esprit*, *vertu*, etc., à des pensées de l'ordre particulier ou physique, *long*, *carré* : ces *deux* mots n'expriment rien, parce qu'ils n'expriment pas d'idée *une*. Je citerai ici un exemple remarquable de cette correspondance de généralités de mots et de pensées méconnue par Condillac à un point qui prouve combien peu ses idées étoient développées sur ces objets importans, et sa doctrine petite et erronée. Malebranche dit : « Ainsi » que l'auteur de la nature est la cause universelle de » tous les mouvemens qui se trouvent dans la ma- » tière, c'est aussi lui qui est la cause de toutes les in- » clinations naturelles qui se trouvent dans les esprits ; » et de même que tous les mouvemens se font en *ligne* » *droite*, s'ils ne trouvent quelques causes étrangères » et particulières qui les déterminent et les changent en » lignes courbes par leur opposition ; ainsi toutes les » inclinations que nous recevons de Dieu sont *droites*, » et elles ne pourroient avoir d'autre fin que la posses- » sion du bien et de la vérité, s'il n'y avoit une cause » étrangère qui déterminât l'impression de la nature » vers de mauvaises fins ». *Qu'auroit fait Malebranche*, s'écrie Condillac, *si cette express[illegible], inclinations droites*, n'eût pas été française ? Sur cette exclamation seule, un homme instruit pourroit fermer le livre, assuré qu'il peut être de n'y trouver qu'erreur dans les principes, puisque c'est là le principe de toute erreur ; car en métaphysique, comme en géométrie, tout est vrai, ou tout est faux dans les principes, je ne dis pas d'un même livre, mais d'un même ordre ; car un livre contient toujours des vérités de plusieurs ordres. Comment Condillac n'a-t-il pas vu que l'expression, *inclinations droites*, n'est pas permise, parce qu'elle est dans la langue ; mais qu'elle est dans la langue *et* permise à ceux qui la parlent, parce qu'elle est juste et qu'elle est l'expression d'une idée vraie? Il croit que le mot a produit l'idée, au lieu de sentir qu'il ne fait que l'exprimer, et l'on diroit qu'il pense qu'il n'eût dépendu que des inventeurs du langage de dire tout autrement, pour que les hommes dussent penser le contraire de la vérité profonde que Malebranche développe dans le passage que nous venons de citer. Je ne cesserai de répéter combien les expressions bien ou mal entendues influent sur nos jugemens. En voici un autre exemple. Aujourd'hui tous nos sages veulent être de la *religion naturelle*, et aucun de la religion *catholique*. Si l'on traduisoit cette expression de *naturelle* par *primitive*, et l'expression grecque de *catholique* par l'expression française de *générale*, qui lui correspond, personne ne pourroit se refuser sans absurdité à être de la religion *générale*, ni s'obstiner aujourd'hui à être de la religion du premier âge. Or, la religion chrétienne-*catholique* veut dire la religion *générale*, non pas à cause de l'universalité des lieux, mais à cause de la *nécessité* des principes. Elle est générale comme le sont les vérités géométriques, qui ne cesseroient pas d'être des vérités générales, même quand il n'y auroit pas un géomètre au monde, et la religion mahométane, fût-elle répandue dans tout l'Univers, ne seroit qu'une religion particulière, une opinion de particulier, appelée en grec *hérésie*.

(*c*) Tout ce qu'il y a de plus mystique, de plus ascétique dans l'enseignement du christianisme, comme tout ce qu'il y a de plus familier dans ses pratiques, n'est que la traduction en différentes langues, pour ainsi dire, de cette proportion : « L'homme est à » l'Homme-Dieu, ce que l'Homme-Dieu est à Dieu ».

(*d*) « Le *sensible*, dit très-bien Malebranche, n'est » pas le *solide* ». La parole est sensible et n'est pas solide. L'âme est sensible et n'est pas solide. Assurément dans des momens de passion forte, quand l'âme parle, et, pour ainsi dire, sort tout entière par les yeux, et même quelquefois par toute l'habitude du corps, l'âme est sensible et n'est pas solide.

(*e*) Il y auroit une égale foiblesse d'esprit à rejeter ces démonstrations générales, et à vouloir les *particulariser*. Je le répète : ces vérités sont incontestables dans la généralité; mais lorsqu'on veut *particulariser*, en passant du système moral au système physique, la langue manque, et on ne peut plus exprimer ce qu'on ne peut pas penser.

Ces considérations sur la religion ne parlent pas au cœur, me diront les âmes tendres; je le sais; mais qu'on y prenne garde, il faut commencer par le cœur l'instruction des enfans, du peuple, des sociétés naissantes, où il y a plus d'affections que de raison; mais il faut continuer et achever par la raison l'instruction des hommes éclairés dans les sociétés avancées, parce qu'à mesure que l'homme et la société avancent en âge, la raison devient plus forte et les affections moins vives. Aussi remarquez que saint Paul, en parlant des progrès futurs de l'homme, ne parle que de ceux de l'intelligence, lorsqu'il dit que « nous verrons la

» vérité face à face, et que nous connoîtrons, comme » nous serons nous-mêmes connus ». Les preuves de sentiment s'émoussent chez presque tous les hommes à mesure qu'ils ont plus vécu, et les désordres particuliers, fruit de leurs passions, les éloignent peut-être de croire à l'auteur de l'ordre général; les preuves historiques s'affoiblissent, en s'éloignant des époques qu'elles racontent, comme l'objet diminue à mesure qu'il s'éloigne de notre œil; mais les preuves *rationnelles* augmentent de force, parce que la raison s'éclaire davantage, même par les erreurs. Ainsi le grain destiné à la nourriture de l'homme, se mûrit également par les glaces de l'hiver et par les chaleurs de l'été; ainsi la vérité, premier aliment de l'homme moral, est comme les alimens qui servent à la nourriture de son corps, toujours proportionnée à son âge, tantôt lait et tantôt pain; ainsi les bornes de l'horizon moral, semblables à celles de l'horizon physique, reculent sans cesse devant nos pas.

Les personnes qui aiment les preuves de sentiment, en trouveront en abondance, ornées de toute la pompe et de toutes les grâces du style, dans le *Génie du Christianisme*. La vérité, dans les ouvrages de raisonnement, est un roi à la tête de son armée au jour du combat : dans l'ouvrage de M. de Châteaubriant, elle est comme une reine au jour de son couronnement, au milieu de la pompe des fêtes, de l'éclat de sa cour, des acclamations des peuples, des décorations et des parfums, entourée de tout ce qu'il y a de magnifique et de gracieux.

CHAPITRE VIII.

De la Société, et de ses progrès.

I. DIEU et l'homme, les hommes entre eux, êtres *semblables* de volonté et d'*action*, mais non égaux de volonté et d'action, sont tous, par le fait seul de cette similitude et de cette inégalité, dans un système ou ordre nécessaire de volontés et d'actions, appelé *société;* car si l'on suppose égalité de volonté et d'action dans les êtres, il n'y aura plus e société, tout sera fort ou tout sera foible; et la société n'est que le rapport de la force à la foiblesse.

II. La société est religieuse ou politique, et chacune d'elles peut être considérée en état domestique ou en état public.

III. La société est religieuse lorsqu'elle embrasse les rapports de Dieu et de l'homme; elle est politique lorsqu'elle embrasse les rapports des hommes entre eux sous la souveraineté de Dieu. L'état purement domestique de la société religieuse s'appelle *religion naturelle*, et l'état public, *religion révélée* : l'état purement domestique de la société politique s'appelle *famille* ; l'état public de la société politique s'appelle *Etat* ou gouvernement.

IV. Ainsi la religion naturelle a été la religion de la famille primitive, et considérée avant tout gouvernement, et la religion révélée est la religion de l'Etat (*a*).

V. La connoissance de Dieu, venue primitivement par la parole de Dieu même à l'homme, et transmise par l'homme à ses descendans par la parole et avec la parole, produisit dans les premières familles un culte ou action domestique d'adoration de la Divinité, appelée *religion*, de *religare*, ou lien universel des êtres intelligens. La religion est encore domestique dans les peuplades qui vivent en familles, et c'est ce qui a été cause que quelques voyageurs, n'apercevant point chez elles de culte public, ont conclu qu'elles n'avoient aucune religion. Mais les familles se multiplièrent, se dispersèrent, se divisèrent. La connoissance de Dieu, comme nous l'avons vu, se chargea de vaines imaginations, le culte de pratiques bizarres ou cruelles; et ces pratiques varièrent dans les familles, selon le bonheur ou le malheur des événemens, la reconnoissance ou la crainte des hommes. Cependant les familles qui habitoient un même territoire ayant des besoins communs à satisfaire, ou des dangers communs à éviter, se réunirent en corps d'Etat pour se défendre ou même pour attaquer: tout devint public dans ces familles devenues publiques, fonctions, événemens, et les sentimens qu'ils faisoient naître. Alors la religion passa des familles entre lesquelles elle étoit sujet de division par sa diversité, dans l'Etat où elle devint moyen puissant d'union par son uniformité; car il n'y a d'union qu'avec l'unité. Les sentimens étoient publics comme les événemens; le culte devint public comme les sentimens; c'étoit la même religion, comme les familles réunies en corps d'Etat étoient les mêmes familles, et comme les hommes devenus publics étoient les mêmes hommes. Le culte fut plus sensible, et cela devoit être pour qu'il fût public. De là naquirent le paganisme, religion de plusieurs dieux, ou plutôt des dieux de plusieurs familles, qu'elles adorèrent en commun, et la religion judaïque, religion publique ou plutôt nationale, religion du vrai Dieu, du Dieu *un*, uniformément adoré dans toutes les familles de cette nation, que l'oppression de maîtres idolâtres, et la foi inébranlable aux mêmes promesses, préservèrent dans un temps de l'idolâtrie, malgré les nombreux exemples qu'elle en avoit sous les yeux; et que l'écriture du dogme, moyen merveilleux, particulier au peuple hébreu, en préserva dans la suite, malgré sa pente prodigieuse à adorer plusieurs dieux *(b)*.

VI. Mais si la religion patriarcale, si la religion judaïque sont des religions de vérité, comme le soutiennent les chrétiens, la vérité fondamentale de toute religion véritable, la vérité nécessaire à la connoissance de Dieu, de l'homme et de leurs rapports; je veux dire le dogme du moyen ou *médiateur*, doit y avoir été connu. Or, nous voyons dans les livres qui contiennent l'histoire des premières familles et du peuple juif, le médiateur annoncé et promis; cette promesse toujours subsistante dans ces sociétés, plus obscure dans les sociétés patriarcales, plus développée chez les Juifs, et toujours plus expresse à mesure que les temps de la venue du médiateur (1) approchent; accomplie enfin dans la personne du divin fondateur du christianisme : foi constante au médiateur, qui est prouvée également par les chrétiens qui ne l'attendent plus, et par les Juifs qui l'attendent encore.

VII. Ainsi le progrès, le développement, l'accomplissement de la société religieuse a été de faire passer le genre humain de la religion domestique des premiers hommes à la religion nationale des Juifs, et de celle-ci à la religion générale du christianisme (*c*), qui doit réunir tous les hommes dans la croyance des mêmes dogmes, et la pratique de la même action religieuse ou du même culte (*d*); société la plus parfaite ou la plus civilisée,

---

(1) Tacite et Suétone disent tous les deux, que vers ces temps, qui sont pour nous ceux de l'ère chrétienne, l'Univers attendoit un grand-homme, qui devoit sortir de la Judée; et comme ils se servent tous deux précisément des mêmes expressions, on seroit tenté de croire que ce sont celles qui étoient dans la bouche de tout le monde, et les propres termes de la prédiction qui couroit.

parce qu'elle est la plus éclairée, la plus forte et la plus stable des sociétés, même à ne la considérer que politiquement.

VIII. Ainsi, le progrès, le perfectionnement de la société politique en Europe a été de faire passer les hommes de l'état domestique, errant et grossier, des peuplades scythiques, germaines ou teutonnes, dont l'état social se retrouve encore chez les Tartares de la haute Asie, ou chez les sauvages du nouveau monde, à l'état public et fixe des peuples civilisés qui composent la chrétienté. Car les peuples naissans sont des nations divisées par familles, et les peuples civilisés sont des familles réunies en corps de nation. *Familiæ gentium*, dit l'Ecriture.

IX. Ainsi, à observer, depuis Homère jusqu'à nos jours, les progrès de la littérature, qu'on peut regarder comme l'expression de la société, on la voit passer graduellement du genre *familier* et naïf, et en quelque sorte domestique, au genre d'un naturel plus noble, et qu'on peut appeler *public* (e).

X. Ainsi, la famille elle-même qui, dans l'état civilisé, s'élève d'une condition privée aux emplois publics, avance dans la vie sociale, et passe de l'état privé à l'état public (*f*).

XI. La société passe donc, ainsi que l'homme, par plusieurs états différens, et que l'on peut comparer entre eux; la société a, comme l'individu, son enfance, son adolescence et sa virilité.

1°. L'homme naît imparfait, avec une pensée sans volonté, et des mouvemens sans but déterminé : la société politique (*g*) commence aussi dans l'état d'ignorance des lois et de foiblesse d'action, état imparfait de la société naissante.

2°. L'homme se corrompt et passe à un état de volonté sans raison, d'action sans force et sans vertu, à l'état *d'enfant robuste*, comme l'appelle Hobbes; la société se corrompt, et passe à l'état d'erreur et de passion des peuples païens ou mahométans; peuples qui avoient, ou qui ont encore, tous les défauts de l'enfance sans avoir aucune des vertus de l'homme fait; peuples sans raison, au milieu de l'éclat de leurs conquêtes, et quelquefois des progrès de leurs arts.

3°. L'homme se perfectionne et parvient á son état naturel, à l'état de raison dans sa volonté, de vertu dans son action; la société se civilise et parvient à son état naturel, à l'état de sagesse dans ses lois, de force et de vertu dans ses institutions; état de la fin et de l'accomplissement; état bon, qui a constitué au moins jusqu'à nos jours la société des peuples chrétiens.

XII. Le progrès de la civilisation et celui de la raison de l'homme, ne sont donc que le développement de la vérité morale, comme la politesse dans un peuple est le développement des vérités physiques. Ainsi, une société peut être policée sans être civilisée, comme l'homme peut être très-habile dans les arts sans en être plus raisonnable (*h*).

XIII. Ainsi, ce n'est pas le progrès de la civilisation qui développe la connoissance de la vérité; mais c'est la connoissance de la vérité qui hâte le progrès de la civilisation.

XIV. L'absence de toute vérité constitue l'ignorance de l'homme et la barbarie de la société. Le défaut de développement de la vérité produit l'erreur dans l'homme et le désordre dans la société.

XV. Ainsi, toute société qui tombe ou reste dans des erreurs graves, déchoit de la civilisation on ne peut y parvenir; et telle est la correspondance nécessaire de la volonté et des actions, qu'il y a de grands désordres partout où il y a de grandes erreurs, et de grandes erreurs partout où il y a de grands désordres (*i*).

XVI. La connoissance de la vérité dans la société, est proportionnée à l'état de la société, comme la connoissance de la vérité dans l'homme est relative à son âge. Ainsi, la religion naturelle a été connue avant la religion révélée; ainsi, le pouvoir domestique a été connu avant le pouvoir public, et le devoir d'obéir a été prescrit aux enfans avant de l'être aux sujets.

XVII. Ainsi, tout peuple chez lequel le pouvoir domestique est plus développé que le pouvoir public, est un peuple encore dans l'état d'enfance ou voisin de cet état; et par la raison contraire, on doit regarder comme très-avancé, et peut-être trop avancé dans la vie sociale, tout peuple chez lequel le pouvoir public s'est développé aux dépens du pouvoir domestique (*k*).

XVIII. L'autorité dans l'homme forme la raison, en éclairant l'esprit par la connoissance de la vérité; l'autorité a mis, dans la société, le germe de la civilisation, en fixant et rendant publique la connoissance de la vérité; vérité révélée à la première famille, et transmise au commencement par la parole, de génération en génération; vérité fixée plus tard et transmise par l'Ecriture, lorsque les familles ont passé à l'état public, et se sont formées en corps de nation. En effet, l'analogie est sensible ici entre le moyen et son effet. L'écriture est le moyen public de transmission, comme la parole est le moyen domestique, parce que la parole n'est entendue que d'un petit nombre d'hommes présens, parmi lesquels elle s'altère aisément lorsqu'elle est confiée à la tradition; au lieu que l'écriture fixe la parole pour tous les hommes absens ou présens, pour tous les temps et pour tous les lieux, et fait même converser les vivans avec les morts (1). C'est parce que les lois ont une origine commune,

(1) Lorsque Jésus-Christ, dans l'Evangile, veut rappeler les hommes à quelque devoir important, il ne leur dit pas : il est juste, il est naturel, etc.; mais, il est écrit, *scriptum est*.

et que les hommes en ont altéré la tradition, qu'on retrouve partout des principes conformes et des applications différentes (*l*).

XIX. Ainsi, la vérité est, comme l'homme et comme la société, un germe qui se développe par la succession des temps et des hommes, toujours ancienne dans son commencement, toujours nouvelle dans ses développemens successifs.

XX. Ainsi, toute opinion qui se lie à une vérité antérieurement connue, peut être une erreur ou une vérité mal ou peu développée; mais une opinion qui ne se lie à aucune vérité, est un monstre, n'est rien. L'idolâtrie est une fausse application du dogme de l'adoration due à la Divinité, et se lie ainsi à une vérité fondamentale de la société; mais à quelle vérité antérieure se lie l'opinion de l'athéisme, ou celle qu'il ne faut point parler de religion à un enfant avant quinze ou dix-huit ans, qu'il faut séparer avec soin, dans un Etat, le religieux du civil, ou enfin que les enfans ne doivent plus rien à leurs parens, dès qu'ils peuvent se passer de leurs soins (*m*)?

XXI. Si le temps amène le développement de la vérité, l'homme qui la développe aujourd'hui, n'a pas plus d'intelligence que celui qui l'a développée hier; mais il a l'intelligence de plus de vérité, parce que venu plus tard, il trouve plus de vérités connues, et même on pourroit penser qu'à mesure que la société avance et que la vérité se développe, il faut à l'homme moins d'intelligence pour faire faire à la vérité de nouveaux progrès, parce qu'on y voit mieux pour avancer lorsqu'on est éclairé par plus de lumière. Ainsi, la vitesse des corps tombans est accélérée en raison croissante de la durée de leur chute (*n*).

XXII. Si la perfection est la fin des êtres, l'homme tend invinciblement à la raison, et la société à la civilisation. L'inquiétude dans l'homme, le trouble dans la société, sont les symptômes infaillibles de cette tendance nécessaire vers leur fin naturelle. L'homme est malheureux par ses passions qui l'écartent de la saine raison; la société est troublée par les erreurs et les désordres qui l'éloignent de la parfaite civilisation. « Car si le législa-» teur, se trompant dans son objet, dit très-» bien J.-J. Rousseau, établit un principe » différent de celui qui naît de la nature des

» choses, l'Etat ne cessera d'être agité jus» qu'à ce qu'il soit détruit ou changé, et que » l'invincible nature ait repris son empire ». Mais tous les principes naturels s'établissent, parce que toutes les vérités se découvrent; « car les vérités morales, dit Ch. Bonnet, » sont toutes enveloppées les unes dans les » autres, et la méditation parvient tôt ou » tard à les en extraire ».

Notes du Chapitre VIII.

(*a*) Voyez ce que j'ai dit sur le mot *nature* dans le Discours préliminaire, et à la fin de l'ouvrage la note sur la *nature*, que je n'ai pu insérer ici à cause de sa longueur.

(*b*) Les sectes qui, dans ces derniers temps, ont méconnu l'autorité de l'ordre sacerdotal, vrai ministère de la religion publique, attribuent, comme au temps des patriarches, le sacerdoce au père de famille; ce qui est le caractère essentiel de la religion domestique ou naturelle. Elles donnent ainsi une religion *domestique* pour base à un état *public* de société. Il est sensible qu'il y a, dans cette disposition, discordance ou défaut d'harmonie; et de là sont venus les troubles qui ont agité tous les Etats où ces opinions ont pénétré. Les hommes se persuadent que ces troubles viennent du zèle religieux, de l'ambition ou de l'intérêt, et que s'il n'y avoit ni enthousiastes, ni orgueilleux, ni hommes avides de domination ou de richesses, cet ordre de choses pourroit s'affermir : ils se trompent de ne pas voir que les passions des hommes sont indestructibles, et que le vice de tout ordre de choses purement humain, est de ne pouvoir les réprimer. Les lois foibles ou vicieuses, celles qui ne supposent pas les passions, ne sauroient s'affermir même quand tous les hommes le désireroient, semblables à des pyramides que la seule intention de tous les hommes ensemble ne pourroient faire tenir sur la pointe.

On peut remarquer que ces mêmes sectes qui veulent ramener le *monde à ses élémens*, comme dit saint Paul, et retourner à la religion *naturelle*, repassent en rétrogradant par le judaïsme, et en prennent l'esprit dur, craintif et intéressé. Elles adoptent de préférence, pour prénoms, des noms hébreux, et en général, elles s'occupent beaucoup de l'état futur des Juifs dans leurs croyances religieuses. C'est à cet esprit qu'il faut attribuer la contradiction qu'on a pu remarquer, dans notre révolution, entre le mal effroyable que la philosophie moderne dit des Juifs, et les faveurs dont ils ont été comblés par nos législateurs.

(c) Toutes les expressions de l'Evangile présentent ce sens : partout c'est la loi primitive que le grand législateur vient, *non détruire, mais accomplir* ; partout c'est Dieu, c'est son fils, c'est sa religion qui doivent être *glorifiés, manifestés*, rendus publics, annoncés sur les toits, etc. : *Pater, clarifica filium tuum, ut filius clarificet te ; manifestavi nomen suum hominibus*, etc. ;

partout la doctrine de l'Evangile est présentée sous des idées d'universalité, de généralité, et non de localité et de *temporalité*. « Bientôt, dit Jésus-Christ, on » n'adorera plus ni sur cette montagne, ni à Jérusa- » lem..... Allez par tout l'Univers, dit-il à ses apô- » tres.....; enseignez toutes les nations, etc. ». La religion chrétienne doit avoir pour lieu l'espace, pour temps la durée, pour disciple la société.

(*d*) Dans la liturgie de la religion chrétienne, le sacrifice qui fait la base du culte, est appelé *action* par excellence, *actio*.

(*e*) Voyez sur la littérature des anciens et des modernes, une note rejetée à la fin de l'ouvrage, à cause de sa longueur.

(*f*) Ce qu'on appeloit jadis en France l'*ennoblissement*, n'étoit pour une famille que le passage de la condition privée à l'état public, puisque la famille renonçoit à exercer des professions domestiques, arts ou métiers, pour se dévouer exclusivement à la profession publique de *juger* et de *combattre*.

(*g*) Je parle ici des divers états de société publique, tels qu'ils ont existé ou qu'ils existent encore dans l'Univers. Les familles patriarcales étoient en état purement domestique, et professoient la religion naturelle dans toute sa pureté. Ce passage nécessaire de l'état domestique de société à l'état public, est marqué chez tous les peuples par l'agitation et le désordre. La société n'est plus dans la famille, et l'Etat n'est pas encore formé. C'est la fièvre des passions qui consume l'homme dans le dangereux passage de l'enfance à la virilité. Cette époque que les Hébreux passèrent dans le désert sous la conduite de Moïse, fut remplie par des murmures, des révoltes, et un penchant extrême à l'idolâtrie. Dieu lui-même leur en fait des reproches. « Quarante ans, dit-il, j'ai » marché dans le désert avec cette génération indocile » là où leurs pères m'ont tenté, et j'ai dit : Leur cœur » s'égare sans cesse.... ». *Quadraginta annis proximus sui generationi huic, et dixi semper hierrant corde in deserto, ubi tentaverunt me patres vestri.*

(*h*) L'histoire de toutes les sciences n'est que l'histoire de leurs progrès. Le christianisme, qui a donné la pleine et parfaite connoissance des personnes sociales et de leurs rapports, n'est lui-même, depuis la publication du livre qui contient le germe de toutes les vérités morales ou sociales, jusqu'aux actes de ses dernières assemblées, et aux écrits de ses derniers docteurs, qu'un long développement de la vérité, semblable, dit son fondateur, *au grain qui mûrit ou à la pâte qui fermente.* C'est là l'écueil où l'orgueil et l'ignorance des novateurs ont fait un si triste naufrage. Faute d'avoir connu ce développement nécessaire, ils ont taxé d'inventions modernes des institutions moins aperçues dans les premiers temps, et plus [illegible]ues dans le nôtre. Ainsi les athées ont regardé comme d'antiques inventions les dogmes de l'existence de Dieu et de l'immortalité de l'âme, des peines et des récompenses de l'autre vie, à cause qu'ils ne les voient pas aussi distinctement marqués dans les livres saints au temps de la religion patriarcale, que sous la christianisme, et dans les ouvrages de saint Augustin et de Leibnitz. Ces vérités fondamentales, *publiées depuis sur les toits*, étoient, sous le règne de la religion patriarcale, des secrets de famille : même sous le christianisme, la vérité a eu ses progrès et son développement. Ce n'est point manquer de respect à ses premiers docteurs, de dire qu'ils connoissoient toutes les vérités que nous connoissons, mais qu'ils ne savoient pas autant de la vérité, parce qu'ils n'en connoissoient que ce qui étoit nécessaire au temps où ils vivoient, et que nous connoissons, de plus, ce qui est devenu nécessaire au nôtre. Les vérités dogmatiques sont plus, et non pas mieux expliquées dans le concile de Trente que dans les premiers conciles; et M. Bossuet lui-même dit, en parlant des premiers pères de l'église : « Ils se sont étonnés pourquoi, parmi » tant d'hérésies, le Saint-Esprit n'avoit marqué que » celle-là; et ils en ont rendu des raisons *telles qu'ils » l'ont pu en leur temps* ». Hist. des Variat.

(*i*) Cette réflexion est applicable à l'état présent de l'Europe. Les désordres effroyables qu'il y a eu en France, produit inévitable des erreurs monstrueuses de la philosophie moderne, sont à la porte de tous les Etats. L'Europe, avec ses principes sur la souveraineté, son goût exclusif pour le commerce et l'argent, la prééminence donnée aux sciences physiques sur les sciences morales et aux plaisirs sur les devoirs, et surtout la haine qui se manifeste de tous côtés contre la religion chrétienne que l'on bannit, ou peu s'en faut, de l'éducation; l'Europe, pour un observateur attentif, est dans un état contre nature où elle ne sauroit rester. Elle en sortira, et, s'il le faut, par des malheurs. Leibnitz, après avoir annoncé, au commencement du siècle dernier, la révolution qui en menaçoit la fin, dit : « Tout, à la fin, doit tourner pour » le mieux ». Pensée profondément vraie, parce que le bien est la fin des êtres. Voltaire a ridiculisé cet *optimisme* qu'il n'a pas compris, parce qu'il a appliqué à l'homme ce qu'il ne faut entendre que de la société. Cette doctrine se trouve tout entière dans ces paroles de l'Evangile : *Il est nécessaire que le scandale arrive;* ce qui veut dire que les révolutions, qui sont les grands scandales de la société, ramènent au bien; car il n'y a que le bien de *nécessaire*. Dans une révolution, les hommes, fatigués de marcher, voudroient s'arrêter au moins mal qu'ils prennent pour le bien, et qu'ils regardent comme un lieu de repos; *marche*, leur crie la nature, qui ne tient pas compte de leurs fatigues, et qui n'a placé le repos qu'au terme, à la perfection.

(*k*) On peut remarquer un grand étalage d'affections domestiques dans toutes les sectes et chez tous les peuples qui veulent ramener la religion domestique dans la société publique, et en même temps une grande indifférence pour les devoirs publics. Chez ces peuples, la profession du commerce est plus honorée que celle des armes, et même que celle de magistrat.

(*l*) Il n'y a tout à la fois rien de plus aisé à établir par le raisonnement, que la nécessité de la révélation, rien de plus impossible à se figurer pour l'imagination que les moyens de la révélation. Car comment imaginer, ou se figurer les moyens de la première transmission de la parole, lorsque nous ne pouvons nous-mêmes rien comprendre aux moyens par lesquels notre parole, transmise à l'enfant, réveille, ou fait naître dans son esprit des pensées correspondantes à nos pensées? Et cette faculté prodigieuse de la mémoire, ce dépôt immense de mots et de faits, est-il plus aisé à comprendre pour ceux qui ne veulent croire que ce qu'ils comprennent? Quant à la nécessité de la révélation, elle est évidente pour la raison.

L'homme ne peut se faire lui-même; donc il a été fait, donc il a reçu l'être d'un être plus puissant que lui.

L'homme ne peut s'instruire lui-même, je veux dire inventer ses pensées et les paroles qui les expriment; donc il a été instruit, et a reçu la parole d'un être plus sage que lui.

Or, cet être puissant n'a pu le créer que pour le conserver, cet être sage n'a pu l'instruire que pour le perfectionner; donc il lui a appris des paroles de vérité et de raison, etc. Voilà la révélation et sa nécessité. Elle roule sur un fait que la raison démontre, et que l'expérience confirme; savoir, que l'homme est toujours *passif* dans son instruction première, comme il l'a été dans la production de son corps, qu'il est enseigné et produit. Ainsi comme l'homme le plus fort et le plus adroit est celui qui développe le mieux les organes qu'il a reçus avec la vie, le plus grand génie est celui qui tire le plus de conséquences des premières instructions qu'il a reçues. Quant au fait de la transmission *nécessaire* de la parole, moyen de toute instruction, il peut être physiquement ou plutôt physiologiquement démontré que l'homme a besoin de parole, même pour penser, ce qui exclut même la possibilité de l'invention de la parole.

(*m*) *Hérésie* veut dire opinion particulière et locale; vérité, une opinion générale ou naturelle. Cicéron les distingue très-bien, lorsqu'il dit : *Opinionum commenta delet dies, naturæ judicia confirmat.* « Le » temps fait disparoître les vaines erreurs des opinions » humaines, et confirme les jugemens de la nature ».

(*n*) Ainsi dans les arts, le *stéréotypage* a été plus facile à découvrir que l'*imprimerie*, et l'invention du baromètre a suivi naturellement la découverte de la pesanteur de l'air. Ce sont des conséquences qui suivent du principe, avec plus ou moins de facilité.

CHAPITRE IX.

Des divers états de société.

I. La société en général, c'est-à-dire, l'ordre général des êtres sociaux, et de leurs rapports, est exprimé dans cette proportion générale : « Le pouvoir est au ministre, comme » le ministre est au sujet » ; *proportion* qui n'est, comme nous l'avons vu, que la traduction, en langage particulier à la société de cette autre *proportion* générale exprimée dans le langage le plus abstrait ou le plus analitique. « La cause est au moyen, ce que le » moyen est à l'effet ». Le *pouvoir*, le *ministre*, le *sujet*, s'appellent les *personnes* de la société.

II. Cette proportion qui exprime l'ordre général de la société, se traduit en langage particulier aux divers états ou ordres de société.

1°. Cette proportion générale, traduite dans la langue particulière de la société religieuse, devient celle-ci : « Dieu a envoyé » son fils, comme son fils envoie des mi-

» nistres ». *Sicut me misit pater, et ego mitto vos*; et cette autre qui en est le complément : « Jésus-Christ est à ses ministres, » ce que ses ministres sont aux fidèles »; proportion que l'on retrouve aussi dans ces paroles de l'Évangile : *Enseignez aux hommes ce que vous avez appris de moi, et donnez comme vous avez reçu*.... et ailleurs.... *nous remplissons à votre égard le ministère de Jésus-Christ; pro Christi legatione fungimur*. Ces deux proportions constituent les *personnes* de la société religieuse, et l'ordre de leurs rapports.

2°. La proportion générale; « le pouvoir » est au ministre, ce que le ministre est au » sujet », ... traduite dans la langue particulière de la société domestique, devient celle-ci : « Le père est à la mère, ce » que la mère est à l'enfant »; proportion qui constitue les personnes domestiques, et l'ordre de leurs rapports (*a*).

3°. Enfin la proportion de la société, en général, « le pouvoir est au ministre », etc. traduite dans la langue particulière de la société politique, devient celle-ci : « Le » chef, prince, empereur, roi, kan, etc.,

» est à ses magistrats ou officiers, ce que » ceux-ci sont aux sujets »; proportion qui constitue les personnes publiques-politiques, et l'ordre de leurs rapports (*b*). Dans ces trois proportions particulières, qui ne sont chacune que la traduction différente de la proportion générale du *pouvoir*, traduite elle-même de la proportion universelle de la *cause*, est tout l'ordre des êtres en société.

III. Ainsi cette proportion générale, « la » cause est au moyen, ce que le moyen est » à l'effet », peut être considérée comme une expression algébrique, A : B :: B : C; donc on fait l'application à toutes sortes de valeurs particulières.

IV. Dans tous ces ordres particuliers de société, la première personne, ou le pouvoir, *veut* la société, c'est-à-dire, sa conservation : la seconde personne ou le ministre, *agit* en exécution de la volonté du pouvoir; la troisième personne ou le sujet est l'objet de la volonté du pouvoir, et le terme de l'action des ministres. Le pouvoir *veut*, il doit être *un*; les ministres *agissent*, ils doivent être plusieurs; car la volonté est nécessairement simple, et l'action nécessairement composée.

V. Là est la raison métaphysique ou générale des *trois personnes* de toutes les langues exprimées dans la langue familière de la société domestique où singulière, par *je*, *tu*, *il*; et dans la langue plus noble de la société publique, ou plurielle, par *nous*, *vous*, *eux*. *Je* et *nous*, premières personnes, expression de supériorité, servent à exprimer l'un le pouvoir domestique, l'autre le pouvoir public auquel il est spécialement affecté; *tu* et *vous*, secondes personnes, s'emploient pour commander directement à ceux dont on exige le *service* : *il* et *eux*, troisièmes personnes, expriment la dépendance, et même quelquefois sont interdites par la civilité, comme expressions de mépris (*c*).

VI. Dans tous les différens ordres de société, le ministre interposé entre la volonté du pouvoir et la dépendance du sujet, est *le moyen terme entre les deux extrêmes*; le prêtre, *moyen* entre Dieu et les hommes, participe par sa consécration du pouvoir de la Divinité, et par ses besoins de la dépendance du fidèle; le magistrat, *moyen* entre le prince et le sujet, participe de la dépendance du sujet et de l'autorité du pouvoir; et la mère elle-même, vrai ministre de la société domestique, *moyen* entre le père et l'enfant, pour recevoir de l'un ce qu'elle transmet à l'autre, participe dans sa constitution physique et même morale de la force de l'un, et de la foiblesse de l'autre.

VII. Dans cette hiérarchie de rapports, ceux de *cause*, de *moyen*, d'*effet*, embrassent tous les autres dans leur universalité. Ainsi, c'est considérer Dieu sous un rapport plus général de le considérer comme *cause* universelle de tous les êtres, que de le considérer comme pouvoir suprême de la société. Ainsi Jésus-Christ est le *moyen* universel de rédemption de tous les hommes, et en particulier le pontife suprême de la société religieuse du christianisme. Ainsi tous les hommes sont les effets de la cause universelle, tous appelés à jouir du *moyen* de la rédemption, et les chrétiens seuls sont les sujets, et les disciples les enfans de Dieu fait homme.

VIII. Ainsi l'Homme-Dieu est envoyé de Dieu, *missus à Deo*, pour conserver la vérité et le bien parmi les hommes, et comme juge suprême de tous les bons et de tous les méchans; l'homme-roi est *envoyé* de Dieu pour le bien de l'Etat, pour y maintenir l'ordre, *minister Dei in bonum*, « y récom» penser les bons, et y punir les méchans »; *ad vindictam malefactorum, laudem verò bonorum*; l'homme-père est *envoyé* de Dieu pour le bien de sa famille, pour y maintenir l'ordre, y récompenser, y punir; et les livres sacrés, dépositaires de toutes les vérités, recommandent aux pères et aux rois d'user de leur pouvoir comme étant émané de Dieu; et aux enfans et aux sujets d'y obéir, comme représentant à leur égard le pouvoir divin. Ici la plus saine philosophie est en accord parfait avec la religion, qui a appelé les hommes *à la liberté des enfans de Dieu*, en leur apprenant que l'homme ne peut rien sur l'homme qu'en qualité de ministre de Dieu, et pour la portion qu'il exerce du pouvoir général de la Divinité *(d)*.

IX. Ainsi le pouvoir souverain, que nous appelons SOUVERAINETÉ, *est en Dieu*; « je » suis le Seigneur ton Dieu...... »; et le pouvoir *immédiatement* subordonné à Dieu,

que

que nous appellerons simplement POUVOIR, *est de Dieu. Potestas ex Deo est* (e).

XI. Ainsi Dieu, pouvoir souverain sur tous les êtres; l'Homme-Dieu, *pouvoir* sur l'humanité tout entière qu'il représente dans sa personne divine; l'homme chef de l'Etat, *pouvoir* sur les hommes de l'Etat qu'il représente tous dans sa personne publique; l'homme-père, *pouvoir* sur les hommes de la famille qu'il représente tous dans sa personne domestique, forment la chaîne et la hiérarchie des pouvoirs sociaux (*f*).

XII. Dans cette hiérarchie de pouvoirs concentriques, si l'on peut parler ainsi, le plus général embrasse celui qui lui est immédiatement subordonné : ainsi le pouvoir de Dieu est supérieur à celui de l'Homme-Dieu, puisqu'*il l'a envoyé*; celui de l'Homme-Dieu supérieur à celui des rois, *princeps regum terræ*...; celui des rois supérieur au pouvoir domestique, non pas pour l'affoiblir ou même le partager; car sous ce rapport le pouvoir domestique est indépendant de tout pouvoir humain, mais pour en maintenir et en protéger l'exercice. Ainsi comme le pouvoir public seul peut par la force dont il dispose, ôter à une famille un père coupable, le chef de tout pouvoir, *celui à qui tout pouvoir a été donné*, même, *sur la terre*, peut seul par les événemens qu'il permet ou qu'il dirige, changer dans un Etat un chef prévaricateur, et l'on peut regarder comme une preuve de cette dernière proposition, que l'affoiblissement du christianisme que les chefs des nations cessent de protéger, a été en Europe le principe de ces terribles révolutions, dans lesquelles les nations ont été entraînées, et où leurs chefs ont péri par les mains des peuples que l'irréligion avoit pervertis (*g*).

XIII. Dans la religion primitive ou patriarcale, qui formoit le culte des premières familles, tout étoit domestique; le ministère ou sacerdoce étoit uni à la paternité; les fidèles étoient la famille, et Dieu lui-même, pouvoir suprême, ne vouloit pas être rendu public au dehors, et représenté sous des figures ou images *taillées*, comme il le dit lui-même dans le Décalogue. Aussi, lorsque par la multiplication des familles, la paternité devint une royauté, le sacerdoce s'unit naturellement à la dignité politique, et cet usage se retrouve chez tous les premiers peuples, les Hébreux exceptés, et s'apercevoit même chez les Romains (*h*).

XIV. Mais à mesure que la religion devint publique, tout dut y devenir public, lois et personnes. Ainsi Dieu donna aux Hébreux des lois écrites, et lui-même manifesta sa présence d'une manière extérieure dans le tabernacle. Le sacerdoce se distingua du reste de la nation juive, comme la nation elle-même, revêtue dans l'Univers d'une sorte de sacerdoce, se distinguoit des autres peuples. Enfin, lorsque la religion nationale des Juifs n'a plus convenu à l'état avancé du genre humain, et qu'elle a dû devenir non-seulement publique, mais générale, le pouvoir divin s'est manifesté d'une manière plus générale, et la plus générale possible pour les hommes, puisqu'il s'est fait homme; il a publié les lois de l'amour de Dieu et de l'amour du prochain; lois les plus générales, puisqu'elles *comprennent la loi*, et même *les prophètes*; *in his universa lex pendet et prophetæ*: ses ministres ont reçu une mission générale pour instruire l'Univers, *ite, docete omnes gentes*, et les sujets ont dû être actuellement ou éventuellement le genre humain, et *fiet unum ovile et unus pastor.* L'ordre public politique s'est également distingué de l'ordre domestique; l'Etat a eu son chef, ses ministres, ses sujets autres que ceux de la famille. L'homme de la religion, l'homme de l'Etat, l'homme de la famille, ont été distingués l'un de l'autre, au point que le ministre de la religion, et quelquefois celui de l'Etat, n'ont plus été des hommes de la famille. C'est là la raison générale du célibat, si justement prescrit aux prêtres, et dont nos lois même militaires font à la plus grande partie des guerriers une nécessité. Là est la raison de la défense du mariage, faite aux membres des ordres religieux et politiques, véritables familles, les plus anciennes, les plus puissantes de toutes, et dont le célibat des membres a fait la fécondité, la force et la durée.

XV. Enfin, à considérer la société dans ses différens états, et à les comparer entre eux, on pourroit dire que la religion est le *pouvoir*, et que la famille et l'Etat sont ses *ministres*, et les *moyens* qu'elle emploie pour conserver l'espèce humaine par la reproduction des individus, la connoissance de la vérité, la répression du mal; *minister Dei in bonum*. Malheur aux gouvernemens qui renversent cet ordre, et regardent la religion comme leur moyen !

Notes du Chapitre IX.

(*a*) Les personnes qui s'étonneroient du nom masculin de *ministre* donné à la femme, peuvent remarquer que nous avons appelé *ministre* dans la société, l'être par lequel le pouvoir reproduit et conserve les êtres, ce qui convient entièrement à la femme. Aussi elle est appelée *aide* dans la Genèse, expression synonyme de celle de *ministre*, et peut-être est-ce ce que les livres saints ont voulu dire par ces paroles du même chapitre : « Celle-ci (la femme) s'appellera » d'un nom qui marque l'homme ». M. de Sacy dit que ce nom, tiré de *vir*, ne peut se rendre en français, et qu'il est l'équivalent de celui de *virago*, et effectivement en hébreu *ais*, homme; *aisc*, femme, sont comme *vir* et *vira*, si on pouvoit le dire.

(*b*) Les mots *kan*, *konig*, *king*, etc., qui expriment dans les langues du nord la personne du chef de l'Etat, sont des dérivés du verbe *konnen*, qui signifie *pouvoir*. *Ich kann*, je peux. La remarque est de Leibnitz.

(c) On voit la raison pour laquelle la civilité,

qui n'est que l'application de la civilisation aux relations domestiques, ne permet pas de dire trop souvent *je*, parce que c'est affecter une sorte de supériorité sur les autres que de les forcer à s'entretenir ainsi de *vous*; de dire *tu* en public et hors de sa famille, parce que c'est un terme de familiarité qu'on dit à sa femme, à ses enfans, à ses domestiques, à ceux qui dépendent de vous; de dire *il*, en parlant d'une personne présente, parce que c'est une expression de hauteur, et même de mépris. Les pouvoirs des Etats modernes, dont la constitution est faite pour réunir tous les hommes, disent *nous* dans les actes publics, pour exprimer cette réunion de tous les hommes de l'Etat dans un seul. Auguste disoit *ego*, et si Cicéron dit quelquefois *nostra dignitas*, c'est qu'il se regarde comme membre d'un corps, dépositaire collectif de l'autorité. Le roi d'Espagne est peut-être le seul roi de l'Europe qui dise : *Moi le roi;* mais aussi le pouvoir y vise à l'arbitraire, et n'est contenu par aucune institution politique. S'il n'y avoit plus de religion en Espagne, il y auroit moins d'obstacle au despotisme qu'en Turquie, et alors le dogme de la souveraineté du peuple y feroit nécessairement éruption. Ainsi, s'il y a plus de religion en Espagne qu'ailleurs, c'est que le pouvoir y a plus besoin qu'ailleurs de ce frein, et la nation de ce recours.

Les hommes entre eux se parlent plus au pluriel, à mesure qu'ils se rapprochent des conditions élevées, et qui participent en quelque chose de l'autorité publique, par leur âge, leurs emplois, ou leur considération. Ce sont cependant les langues de peuples appelés *barbares* par les Grecs et les Romains, qui ont introduit dans le commerce des hommes ces expressions si nobles, si décentes, si expressives des vrais rapports des hommes. Nous leur devons encore ces locutions sublimes d'amour des autres, et de préférence à donner au prochain sur soi-même; *lui et moi*, *toi et moi*, *vous et moi*, *eux et nous*, etc. Galba dit à Pison en plein sénat, *ego ac tu hodiè simplicissimè inter nos loquimur*, etc. etc. Les langues païennes sont l'expression de peuples *égoïstes*; nos langues sont l'expression de peuples charitables et humains. On ne sauroit assez le dire, avant le christianisme, la société étoit dans l'état d'enfance corrompue, l'état du *je* et du *tu*; et remarquez que nous y sommes retombés en France, lorsque le christianisme y a cessé, et que le tutoiement y est devenu usuel. Ce sont encore des langues barbares qui ont appelé *service*, *servir*, toute fonction publique; et l'Evangile a introduit cette locution dans la société, lorsqu'il a dit: « Que celui d'entre vous qui veut être le plus » grand, soit le *serviteur* des autres ».

Non-seulement on retrouve dans les *personnes* de la société la raison des appellations personnelles; mais on retrouve dans la constitution de la société la raison de la constitution du discours, ou de sa construction, appelée aussi *syntaxe*. Dans la construction analogue, le *régissant* de la phrase, ou le nominatif qui en régit toutes les parties, le *régime* appelé aussi *attribut*, qui est *régi* par le nominatif, le *verbe*, mot-lien ou co-

pule, qui sert à fixer le rapport du régissant au régime, et à lier l'un à l'autre, *moyen* aussi entre deux *extrêmes*, sont placés dans la phrase *analogue* (au mode actif), comme les êtres le sont en eux-mêmes et dans la société, l'un à la tête, l'autre au dernier rang, le troisième entre eux. *Dieu a créé l'homme et réglé la société; je commande à Pierre qu'il m'apporte ce livre :* tous les mots sont placés dans ces phrases, comme tout ce qu'ils expriment est placé au dehors et en réalité. Dans cette phrase, *l'homme aime Dieu*, l'homme est mis avant Dieu, parce que l'homme est actif, et que Dieu est considéré sous un rapport passif, puisqu'on peut la tourner ainsi : *Dieu est aimé de l'homme.* Cet ordre de construction est éminemment celui des langues française, hébraïque, tartare, des langues de tous les peuples qui obéissent à des lois naturelles, domestiques, religieuses ou politiques, et chez qui les personnes sociales sont dans leurs vrais rapports. La construction au contraire est *transpositive* là où les peuples, comme chez les païens, ont vécu ou vivent encore dans un état de société contraire à la nature, et où les personnes sociales ne sont pas assez distinguées les unes des autres, ou sont dans une mobilité continuelle, et n'ont pas plus de place fixe dans la société que les mots n'en ont dans la phrase. Le caractère dominant des langues païennes est donc la *transposition*, et des langues chrétiennes l'*analogie*. Mais entre les langues chrétiennes, il y en a de plus ou de moins analogues, selon que les peuples sont plus ou moins constitués. En général, la langue allemande et ses dialectes sont beaucoup plus transpositifs que les langues du midi, et l'on peut en remarquer la raison dans la constitution polycratique ou populaire de cette société, vraie démocratie de princes, de villes, de nobles, d'abbés, etc.; là seulement est la véritable raison d'une domination qu'une langue exerce sur les autres. L'empire d'Allemagne gouverneroit toute l'Europe, que la langue germanique ne seroit parlée qu'en Allemagne. La langue espagnole s'est répandue dans un temps où elle étoit plus fixée que la langue française; car une langue vivante n'est jamais fixe tant qu'elle est *transpositive*, et il en est de même de l'Etat tant qu'il n'est pas constitué. Alors la langue française employoit beaucoup d'inversions, et peut-être cette ressemblance avec les langues anciennes la rendoit-elle plus propre à en saisir dans la traduction le génie et le caractère. Seroit-ce la raison du plaisir que fait encore le vieil Amyot? La langue française s'est fixée; plus analogue que l'espagnole, elle a étendu et affermi en Europe sa domination; mais en s'éloignant du génie des langues anciennes, elle est devenue plus originale et moins imitative; et de là vient peut-être que la littérature française est plus riche en excellens ouvrages originaux qu'en bonnes traductions d'ouvrages anciens. Ainsi la langue française ne doit sa domination en Europe qu'au *naturel* de sa construction; elle parle comme on doit penser, elle exprime ce qui doit être. Des causes accidentelles peuvent donner à d'autres langues une vogue passagère:

la langue française régnera éternellement, parce qu'elle est naturelle, et qu'elle ne peut périr, même quand le peuple qui la parle périroit lui-même; car les langues écrites survivent aux peuples qui les parlent, pour attester aux siècles futurs ce qu'ils ont été. Il est plus important qu'on ne pense de maintenir la domination de la langue française, et pour cela il seroit temps de faire, dans un dictionnaire, l'inventaire raisonné de ses richesses, dont nous n'avons encore que des nomenclatures. La langue française n'est pas la plus abondante, mais elle est la plus riche des langues. L'abondance consiste dans le nombre des mots, la richesse dans la facilité de tout exprimer; et la langue allemande, si surchargée de mots, manque des plus nécessaires pour exprimer les idées morales. Une langue est un instrument de commerce comme les métaux monnoyés; or, la perfection d'un instrument ne consiste pas dans son volume, mais dans son rapport juste à son objet. C'est un peu d'or qui a plus de valeur que beaucoup de cuivre.

(*d*) Une preuve bien sensible de la similitude de toutes les sociétés, religieuse, domestique et politique, c'est que Dieu est appelé indistinctement *roi* et *père* des hommes, que le chef de l'Etat est appelé *père de son peuple*, et même il est dit aux rois dans l'Ecriture, *par emphase :* « Vous êtes les dieux de la terre ». En hébreu, *ab* veut dire *père*, *roi*, *maître*, *auteur*, *docteur*. Le nom de *maître* est commun à tous les pouvoirs, et Dieu semble affecter la supériorité même de l'âge réservée au pouvoir domestique, lorsqu'il s'appelle l'*ancien des jours*. Enfin tout pouvoir dans l'Ecriture est appelé une *paternité*, comme la paternité est appelée un *pouvoir*.

Le mot *enfant* se dit des fidèles et des sujets, comme des fils par naissance. Il semble même que les mots, *fils*, *fidèles*, *féaulx*, qui autrefois désignoient les sujets ou fidèles, aient une racine commune; car ils ont les mêmes caractéristiques *f*, *l*, *s*. On sait que l'*é* et l'*i* se mettent l'un pour l'autre.

Enfin l'église enseignante, ou l'ordre du sacerdoce, ministère public de la religion, est appelée *la mère* des chrétiens, qui les *conçoit* et les *enfante* à la vie de la grâce: dans la constitution ancienne de la France, l'ordre chargé du ministère politique étoit regardé comme uni au chef par une sorte de mariage indissoluble, dont l'anneau d'or, que portoient les membres, étoit le symbole. On doit même remarquer, pour ne rien laisser à dire sur cette parité entre toutes les personnes des diverses sociétés, qu'en général tout ce qui *sert* à produire ou à conserver, *qui ministrat*, se met, dans la langue française, au féminin, religion, église; royauté, noblesse; justice, magistrature; armée, force; famille, maternité; société, loi, etc.

(*e*) Le pouvoir est *de Dieu*, ou comme ministre de bonté, s'il est naturellement constitué, ou comme instrument de justice, s'il ne l'est pas; car les vertus ou les vices d'un chef de nation font bien le bonheur ou le malheur d'une génération; mais la constitution, bonne ou mauvaise du pouvoir, fait le sort heureux ou funeste de la société.

(*f*) Jésus-Christ représente l'humanité tout entière, et la religion chrétienne nous enseigne cette vérité de mille manières. *In me unum sint.* « Ce » n'est qu'avec un profond étonnement, dit la » *Théorie du Pouvoir*, que je réfléchis au sens caché » de ce mot simple et sublime que le gouverneur » romain, ignorant également ce qu'il fait et ce qu'il » dit, adresse au peuple égaré en lui montrant Jésus: » *Voilà l'homme*. Mes regards se fixent sur cet homme. » Ses mains sont chargées de liens: il a pour sceptre » un roseau; pour couronne un tissu d'épines; un » manteau de pourpre cache des plaies douloureuses; » *voilà l'homme*, me dis-je à moi-même, et tous » les hommes, voilà l'humanité. Roi de l'Univers, » l'homme n'est pas maître de lui-même; sa royauté » a la fragilité du roseau, et la piqûre déchirante de » l'épine, l'extérieur imposant de la dignité humaine, » l'orgueil de la domination, l'éclat de la gloire, » cachent de honteuses foiblesses ou de cruelles infir- » mités..... Oui, *voilà l'homme* ».

(*g*) Le règne de Jésus-Christ n'est autre chose que la propagation du christianisme, dont les lois doivent, tôt ou tard, régler les lois de tous les Etats et de toutes les familles, et qui même, actuellement, en règlent la plus grande et la meilleure partie. Ce règne, entendu par des chrétiens fanatiques dans un sens physique et charnel, comme le règne du Messie l'étoit par les Juifs, a produit l'erreur des *millenaires*, qui attendent un règne de *Christ* visible, et en personne, pendant mille ans. Cette opinion « inconnue » à toute l'antiquité », dit M. Bossuet, s'est répandue en Angleterre au temps de sa révolution, et elle n'a pas été étrangère à la nôtre, par la raison que les extrêmes malheurs ramènent sinon tous les hommes, du moins toutes les sociétés à l'idée de la Divinité ; et sans doute aussi parce que les révolutions hâtent les progrès de la vérité et le retour de la société à l'ordre le plus naturel des lois, et que les lois de Jésus-Christ sont ce qu'il y a de plus naturel ou de plus parfait. C'est dans ce sens qu'il a été dit : *Oportet hæreses esse* ; il n'y a pas de vérité exprimée plus à découvert dans l'Evangile, que la royauté de Jésus-Christ sur la société même politique. Le passage, *mon royaume n'est pas de ce monde*, par lequel on a voulu lui en contester, pour ainsi dire, l'exercice, ne peut et ne doit s'entendre que du monde idolâtre et corrompu au milieu duquel il parloit, et qui avoit pour roi le prince des ténèbres. Et quand Jésus-Christ dit à ses apôtres : « Allez par tout le monde, *enseignez*, etc. », que fait-il autre chose qu'une fonction éminente de son pouvoir sur ce monde? Mais dans des siècles peu éclairés, on a cru que cette domination de Jésus-Christ devoit être exercée par ses ministres dans l'ordre séculier ; et de là leurs querelles avec l'autorité politique. Cette domination n'appartient qu'aux lois du christianisme, qui doivent régler toutes les autres lois, et affermir tous les autres pouvoirs. Il n'est pas besoin d'avertir que les lois religieuses sont différentes des lois ecclésiastiques : la loi de l'indissolubilité du lien conjugal est une loi religieuse, le pouvoir politique doit la maintenir; la loi du jeûne est une loi ecclésiastique, le pouvoir politique ne peut la porter.

(*h*) Quelquefois le sacerdoce étoit uni même à la maternité, sans doute à la mort du père : de là les prêtresses de l'antiquité, et l'opinion des peuples naissans qui attribuent aux femmes quelque chose de divin et de prophétique. *Inesse fœminis sanctum aliquid et providum putant*, dit Tacite, en parlant des Germains.

Les Romains avoient dans le collége des prêtres *le roi des sacrifices*, pour offrir un sacrifice national.

FIN DU PREMIER VOLUME.

TABLE
DES MATIÈRES.

FIN DE LA TABLE DU PREMIER VOLUME.

www.ingramcontent.com/pod-product-compliance
Ingram Content Group UK Ltd.
Pitfield, Milton Keynes, MK11 3LW, UK
UKHW031044260726
13965UKWH00006B/264

9 782013 471732